MONIQUE DEHEINZELIN
Doutora em Educação pela Universidade de São Paulo (USP).
Pesquisadora, escritora e editora, dedica-se à Educação Infantil.

PRISCILA MONTEIRO
Mestre em Educação Matemática pela Pontifícia Universidade Católica (PUC–SP).
Assessora pedagógica de escolas particulares e de redes públicas de ensino.

ANA FLÁVIA CASTANHO
Mestre em Psicologia Escolar e do Desenvolvimento Humano pela Universidade de São Paulo (USP).
Assessora pedagógica de escolas particulares e de redes públicas de ensino.

BRINCAR COM A CRIANÇA

MANUAL DO PROFESSOR

PRÉ-ESCOLA I | VOLUME I | EDUCAÇÃO INFANTIL

CRIANÇAS PEQUENAS DE **4 ANOS**

autêntica   1ª EDIÇÃO   BELO HORIZONTE | 2023

Copyright © 2023 Monique Deheinzelin, Priscila Monteiro, Ana Flávia Castanho

Todos os direitos reservados pela Autêntica Editora Ltda. Nenhuma parte desta publicação poderá ser reproduzida, seja por meios mecânicos, eletrônicos, seja via cópia xerográfica, sem a autorização prévia da Editora.

EDITORAS RESPONSÁVEIS
Rafaela Lamas
Rejane Dias

PESQUISA ICONOGRÁFICA
Ludymilla Duarte

REVISÃO
Cecília Martins
Julia Sousa
Mariana Faria

CAPA E PROJETO GRÁFICO
Diogo Droschi

DIAGRAMAÇÃO
Diogo Droschi
Waldênia Alvarenga

Conheça a plataforma digital
Brincar com a criança

Professor, **professora**, aqui você encontra o **Material Digital Complementar ao Manual do Professor**. O PDF, disponibilizado para leitura ou para impressão, e os videotutoriais foram elaborados com o intuito de oferecer apoio para seu trabalho didático ao longo do ano letivo.

Gestor, **gestora**, acesse o **Material Digital de Formação do Gestor**. Composto por PDF e videotutoriais, ele oferece relatos de experiências, propostas didáticas e projetos institucionais, além de indicadores e evidências para processos de avaliação na Educação Infantil.

Para acessar a plataforma digital, leia o código óptico de seu smartphone ou acesse o site https://bit.ly/brincarc de seu computador.

Dados Internacionais de Catalogação na Publicação (CIP)
(Câmara Brasileira do Livro, SP, Brasil)

Deheinzelin, Monique
 Brincar com a criança : volume I : crianças pequenas de 4 anos : manual do professor / Monique Deheinzelin, Priscila Monteiro, Ana Flávia Castanho. -- 1. ed. -- Belo Horizonte : Autêntica, 2023. -- (Brincar com a criança ; I)

 ISBN 978-65-88239-59-9

 1. Educação infantil 2. Educação pré-escolar I. Monteiro, Priscila. II. Castanho, Ana Flávia. III. Título. IV. Série

20-43775   CDD-372.21

Índices para catálogo sistemático:
1. Educação infantil 372.21

Cibele Maria Dias - Bibliotecária - CRB-8/9427

AUTÊNTICA EDITORA LTDA

Belo Horizonte
Rua Carlos Turner, 420
Silveira . 31140-520
Belo Horizonte . MG
Tel.: (55 31) 3465 4500

São Paulo
Av. Paulista, 2.073 . Conjunto Nacional
Horsa I . Sala 309 . Bela Vista
01311-940 . São Paulo . SP
Tel.: (55 11) 3034 4468

Este livro foi composto com tipografia Houschka Rounded e impresso em papel Offset 90 g/m² na Formato Artes Gráficas.

www.autenticaeditora.com.br
SAC: atendimentoleitor@grupoautentica.com.br

SUMÁRIO

Como usar este livro — 4

SEÇÃO INTRODUTÓRIA
Letras e números — 7
Literacia — 9
Numeracia — 13
Avaliações formativas — 17
Literacia familiar — 19
Plano de desenvolvimento anual — 21
Referências — 23

REPRODUÇÃO COMENTADA DO LIVRO DO ESTUDANTE

Apresentação — 25
Sumário — 26

Unidade 1 – Livro da Flora 🌸
Introdução — 27
Página a página — 29
Conclusão — 62

Unidade 2 – Eu e você ⭐
Introdução — 63
Página a página — 65
Conclusão — 88

Unidade 3 – Brincadeiras 🏀
Introdução — 90
Página a página — 92
Conclusão — 123

Unidade 4 – Sistema Solar 🌍
Introdução — 124
Página a página — 126
Conclusão — 137

Anexos ✂ — 138

Bibliografia consultada — 142

COMO USAR ESTE LIVRO

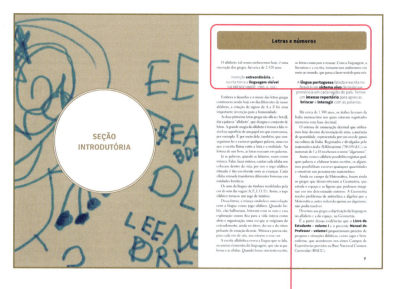

Seção introdutória em que se apresentam os conceitos de literacia e numeracia, bem como uma visão geral dos conteúdos que serão tratados nas unidades e as principais práticas pedagógicas a elas associadas.

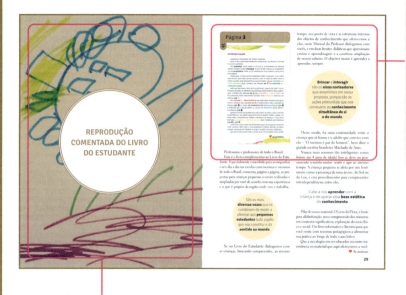

A **introdução das unidades** deste Manual do Professor tem início na apresentação das abertura de unidade correspondente do Livro do Estudante. E apresenta os **objetivos pedagógicos** a serem abordados na unidade, trazendo uma introdução aos conteúdos, conceitos e atividades e como estas se relacionam com os objetivos e com os pré-requisitos pedagógicos para sua realização.

Nesta seção você encontra a reprodução comentada da totalidade do Livro do Estudante. Cada unidade consiste de **introdução**, **página a página** (reprodução comentada das páginas do Livro do Estudante) e **conclusão**.

Comentários de cada miniatura do Livro do Estudante com explicações de caráter prático referentes às atividades propostas, considerações pedagógicas a respeito das dificuldades esperadas pelos estudantes na resolução das atividades, além de sugestões de atividades complementares e preparatórias para a realização dos conteúdos.

A **conclusão** de cada unidade apresenta possibilidades de avaliação formativa e monitoramento da aprendizagem para os objetivos pedagógicos trabalhados.

SEÇÃO INTRODUTÓRIA

Letras e números

O alfabeto, tal como conhecemos hoje, é uma invenção dos gregos, há cerca de 2.420 anos.

Invenção **extraordinária**, a escrita torna a **linguagem visível** (HERRENSCHMIDT, 1995, p. 101).

Embora o desenho e o nome das letras gregas continuem sendo hoje em dia diferentes de nosso alfabeto, a criação de signos de A a Z foi uma importante invenção para a humanidade.

As duas primeiras letras gregas são alfa α e beta β, daí a palavra "alfabeto", que designa o conjunto de letras. A grande magia do alfabeto é tornar a fala visível na superfície de um papel em que escrevemos, por exemplo. É por meio dele, também, que conseguimos ler e escrever qualquer palavra, uma vez que a escrita flutua entre a letra e a oralidade. Na leitura de um livro, as letras ressoam em palavras.

Já as palavras, quando as falamos, soam como música. Falar, fazer música, cantar cada sílaba nos colocam dentro da vida, por isso o jogo silábico ritmado é tão envolvente com as crianças. Cada sílaba entoada transforma diferentes fonemas em unidades fonéticas.

Os sons da língua são timbres modelados pela cor do som das vogais (A, E, I, O, U). Assim, o jogo silábico torna-se um jogo de timbres.

Dessa forma, a criança estabelece uma relação com a língua como jogo silábico. Quando bebês, elas balbuciam, brincam com os sons e essa exploração sonora fica para a vida inteira como afeto e organização, uma vez que se originam do entendimento, ainda no útero, da voz e do ritmo pulsante do coração da mãe. Música e poesia são, para cada um de nós, um retorno a essa voz.

A escrita alfabética evoca a língua que se fala, ao anotar elementos da linguagem, que são as palavras e as sílabas. Quando lemos um texto escrito, as letras começam a ressoar. Com a linguagem, a literatura e a escrita, tornamo-nos autônomos em meio ao mundo, que passa a fazer sentido para nós.

A **língua portuguesa** falada e escrita no Brasil é um **sistema vivo** de música e pronúncia em cada região do país. Temos um **imenso repertório** para apreciar, **brincar** e **interagir** com as palavras.

Há cerca de 1.500 anos, os árabes levaram da Índia manuscritos nos quais estavam registrados numerais com base decimal.

O sistema de numeração decimal que utilizamos hoje decorre da invenção do zero, a ausência de quantidade, representada por um ovo de ganso na cultura da Índia. Registrados e divulgados pelo matemático árabe Al-Khwarizmi (780-850 d.C.), os numerais de 1 a 10 receberam o nome "algarismos".

Assim como o alfabeto possibilita registrar qualquer palavra e elaborar textos escritos, os algarismos possibilitam escrever quaisquer quantidades e construir um pensamento matemático.

Ainda no campo da Matemática, foram ainda os gregos que desenvolveram a Geometria, que estuda o espaço e as figuras que podemos imaginar em um determinado entorno. A Geometria resolve problemas de aritmética e álgebra que a Matemática, antes reduzida apenas ao algarismo, não podia resolver.

Devemos aos gregos a objetivação da linguagem no alfabeto e a do espaço, na Geometria.

É a partir dessas evidências que o **Livro do Estudante – volume I** e o presente **Manual do Professor – volume I** proporcionam projetos de pesquisa e situações didáticas, como jogos e brincadeiras, que acontecem nos cinco Campos de Experiências previstos na Base Nacional Comum Curricular (BNCC):

EO – O eu, o outro e o nós
CG – Corpo, gestos e movimentos
TS – Traços, sons, cores e formas
EF – Escuta, fala, pensamento e imaginação
ET – Espaços, tempos, quantidades, relações e transformações

Essas evidências nos levam, ainda, a considerar os itens da Política Nacional de Alfabetização (PNA) em contextos de leitura e escrita nos quais ensino e aprendizagem estão em compasso, em processos abertos e dinâmicos:

1. Alfabetização
2. Leitura
3. Escrita
4. Consciência fonológica
5. Habilidades metalinguísticas
6. Ensino-aprendizagem
7. Neurociências
8. Linguagem

Nos materiais impressos, para recuperar o que era natural em nossos primeiros anos de vida, a sincronicidade sensório-motora, que é o sentir e agir ao mesmo tempo, propomos os movimentos:

- Aprender com a criança.
- Mobilizar a própria criatividade.
- Compreender o mundo.

Por que aprender com a criança? Porque, se observarmos, sem pré-juízos ou preconceitos, os procedimentos que ela cria para obter êxito em suas ações, compreenderemos como se dá a aprendizagem. Para saber o que, para que e como ensinar, precisamos compreender os modos de ser do aprendiz. Uma avaliação processual ou formativa busca medir qualitativamente como se deu a aprendizagem significativa e efetiva – pois o que foi aprendido agora é patrimônio do aluno.

Por que mobilizar a própria criatividade? Porque, se permanecermos em um estado de minoridade, passivos, heterônomos (governados por outros) não seremos dignos da felicidade. A saída da minoridade depende de nossa mobilização estética. Sem afeto, não nos será possível compreender o ponto de vista das crianças pequenas e propor a elas, como educadores, sequências didáticas plausíveis. Didáticas estas que propiciem aprendizagem.

Por que compreender o mundo? Porque é na interação com os fenômenos, com as pessoas e com os dados culturais que nos constituímos como indivíduos.

E, sobretudo, para propiciar a todas as crianças no Brasil seus direitos de aprendizagem e desenvolvimento:

- Conviver.
- Brincar.
- Participar.
- Explorar.
- Expressar.
- Conhecer-se.

> Seu **projeto educativo**, professor, é o que determina a **ordem** em que as atividades do livro serão apresentadas. Não se trata de uma obra linear, as **idas e vindas** entre as páginas do livro são **decididas por você**, de acordo com as **necessidades de aprendizagem** de sua turma.

Literacia

Em nossas intenções educativas, é preciso, em primeiro lugar, ouvir e escutar, observar e imaginar, registrar e compreender os procedimentos e as estratégias da criança para realizar as atividades que propomos a elas.

Aprender com a criança é voltar a **atenção** para ela, procurando compreender seu **ponto de vista** e o que a criança quer nos comunicar por meio de **gestos**, **ações** e **palavras**.

A partir dessa escuta atenta, estabelecemos um constante diálogo entre o ensino e a aprendizagem. Para a especialista em alfabetização Telma Weisz (2018, p. 68), uma boa situação de aprendizagem costuma ser aquela em que:

- Os alunos precisam pôr em jogo o que sabem e pensam sobre o conteúdo que se quer ensinar;
- Os alunos têm problemas a resolver e decisões a tomar em função do que se propõem produzir;
- A organização da tarefa pelo professor garante a máxima circulação de informação possível;
- O conteúdo trabalhado mantém suas características de objeto sociocultural real, sem se transformar em objeto escolar vazio de significado social.

Para conceber e realizar projetos pedagógicos interdisciplinares, compreendemos **literacia** como as competências para ler e escrever, adquiridas em contextos simultâneos e indissociáveis de alfabetização e letramento.

Julgo muito difícil separar alfabetização de letramento, no estágio atual das teorias da leitura e da escrita: a alfabetização, segundo essas teorias, se desenvolve em contexto de letramento, que dá sentido ao aprender a ler e escrever, portanto, ser alfabetizado supõe ter também pelo menos algum nível de letramento (SOARES, 2019, [s.p.]).

Podemos traduzir, do inglês, a palavra *literacy* como "**literacia, alfabetização e letramento**", desde que os processos de alfabetização aconteçam sempre em contextos sociais de leitura e escrita, uma vez que as práticas sociais são conteúdos.

A escrita precisa ser compreendida como um sistema de representação em que a criança, para se apropriar do funcionamento da base alfabética, interage com o objeto de conhecimento, de modo a pensar sobre o que e como representa o que era pretendido.

Nos diversos textos que são utilizados no contexto de atividades com sentido para as crianças, é possível trabalhar com **todas as habilidades básicas**.

Porém, o inverso não é necessariamente verdadeiro, segundo afirmam Liliana Tolchinsky e Isabel Rios (2010, p. 174): "As habilidades básicas poderiam ser exercitadas com todo tipo de recurso didático sem chegar a usar a língua escrita com nenhum propósito além da aprendizagem da mecânica da decifração".

Em contextos sociais e culturais, com os modos específicos das tradições orais nas várias regiões brasileiras, estudantes e professores têm a possibilidade de ampliar seu conhecimento sobre a leitura e a escrita, o mundo dos números e os fenômenos naturais em jogos e brincadeiras que compõem uma proposta didática.

Nesse sentido, Delia Lerner (2019), especialista em didática da língua, esclarece:

> Vocês sabem muito bem que nós optamos por uma formação desde a perspectiva didática, e que uma ideia central que atravessa essa perspectiva é a de aproximar o ensino da aprendizagem. Por isso, quando trabalhamos com os professores, tentamos compreender como as crianças pensam sobre a escrita – podem ser as crianças de uma gravação em vídeo ou as que os próprios professores têm em suas salas –, o que estão pensando sobre a escrita, qual é a perspectiva deles, e o que podemos fazer para ajudá-los a avançar (LERNER, 2019, [s.p.]).

Nas propostas didáticas dos materiais que compõem o primeiro volume, dedicado a crianças pequenas de 4 anos a 4 anos e 11 meses de idade, trabalhamos com palavras estáveis, rimas, cantigas e parlendas.

O trabalho com as **cantigas**, **parlendas** e outros textos da cultura popular permitem que a criança pequena estabeleça relações entre a **pauta sonora** e a **pauta escrita**, entre **fonemas** e **grafemas**, mas é importante compreender melhor alguns aspectos.

Fazemos a distinção entre consciência fonológica e decodificação de letras e sons, pois como afirmam os especialistas Artur Gomes de Morais e Alexsandro da Silva (2010):

> "Consciência fonológica" não pode ser entendida como sinônimo de "consciência fonêmica", uma vez que a consciência fonológica é mais abrangente e envolve não apenas a capacidade de analisar e manipular fonemas, mas também unidades sonoras como sílabas e rimas [...]. É possível pensar num ensino mais prazeroso que ajude as crianças a brincarem com a língua, observando seus segmentos sonoros... e escritos [...]. Consciência fonológica consiste na capacidade de refletir conscientemente sobre as unidades sonoras da língua

e de manipulá-las de modo deliberado (MORAIS; SILVA, 2010, p. 74-75, 83).

Investigando processos de aquisição de leitura e escrita, Sofia Vernon (2004) estudou a natureza da passagem da escrita ainda não fonetizada para uma escrita já fonetizada. Como se dá a passagem de uma escrita em que a criança utiliza letras com equivalência sonora ao modo como se falam as palavras? A pesquisa dessa autora deixa claro que não se trata de uma simples transferência de saberes, e sim de uma construção.

Segundo a pesquisadora, as crianças enfrentam um desafio de pensar como recortar algo contínuo, a oralidade, ao modo como se fala, e fazê-la corresponder a elementos descontínuos e que se podem contar, como as letras. Ainda, segundo a autora: "o trabalho didático é impossível somente a partir dos exercícios de recorte oral. É necessário colocar desafios com a escrita que lhes permitam ir descobrindo como se relacionam a escrita e a oralidade em nosso sistema alfabético" (VERNON, 2004, [s.p.], tradução nossa).

Portanto, é necessário que o apoio para a reflexão sobre como funciona o sistema de escrita seja escrito, para que a criança consiga estabelecer relações entre a pauta sonora e a pauta escrita, entre como se fala e como se escreve.

Pensando nos postulados da didática, o trabalho com quatro situações pedagógicas fundamentais deve ser considerado em uma rotina de turmas de alfabetização. Segundo Delia Lerner (2019), essas situações são:

ESCRITA PELO ALUNO	LEITURA PELO ALUNO
ESCRITA POR MEIO DO PROFESSOR	LEITURA POR MEIO DO PROFESSOR

Quando as crianças participam de maneiras distintas nos atos de leitura e escrita, seja ouvindo a leitura do professor, lendo por si mesmas, seja ditando um texto ao professor, escrevendo de acordo com suas hipóteses, isso implica uma interação diferenciada com o objeto de conhecimento e com as estratégias utilizadas. Mesmo que as crianças não saibam ler e escrever convencionalmente, precisam ser convidadas a participar de propostas em que atuem como leitoras e escritoras, de acordo com suas hipóteses e de seu modo de sentir, pensar e agir.

> As **escritas de crianças pequenas** não correspondem necessariamente ao padrão ortográfico da escrita alfabética, constituindo-se sempre como um **convite à reflexão** sobre como se escreve.

No conjunto de propostas de literacia presentes neste material, consideram-se as quatro situações didáticas da tabela apresentada anteriormente, com orientações específicas em cada uma delas.

Entre os gêneros textuais apresentados às crianças pequenas ao longo do material, encontram-se parlendas e cantigas, canções, resenhas e indicações de livros literários, textos instrucionais como regras de jogos e receitas culinárias e textos de divulgação científica. As canções e cantigas têm uma importância destacada para a experiência da criança pequena por se configurar, muitas vezes, em brincadeiras cantadas.

Na **Unidade 3 – Brincadeiras**, do **Livro do Estudante – volume I** estão presentes cantigas, receitas de massinhas e brincadeiras em atividades que favoreçem a **literacia** emergente das crianças pequenas de 4 anos a 4 anos e 11 meses de idade, com as respectivas orientações neste **Manual do Professor – volume I**.

Com brincadeiras cantadas, espera-se que as crianças pequenas possam:

1. Brincar e conhecer novas brincadeiras cantadas.
2. Refletir sobre o funcionamento do sistema de escrita e avançar em suas hipóteses.
3. Escrever e ler para compartilhar as brincadeiras cantadas de acordo com a definição do contexto de produção.

Quem não se encanta com os versos do grande poeta Gonçalves Dias (1823-1864)? Os textos poéticos conhecidos, sobretudo, em forma de poema, em uma estrutura composicional marcada por versos e estrofes, e por recursos da linguagem, como as rimas, que provocam uma certa musicalidade na forma como as palavras são empregadas, costumam fascinar crianças e adultos.

CANÇÃO DO EXÍLIO
(GONÇALVES DIAS)

MINHA TERRA TEM PALMEIRAS
ONDE CANTA O SABIÁ,
AS AVES, QUE AQUI GORJEIAM,
NÃO GORJEIAM COMO LÁ.

NOSSO CÉU TEM MAIS ESTRELAS,
NOSSAS VÁRZEAS TÊM MAIS FLORES,
NOSSOS BOSQUES TÊM MAIS VIDA,
NOSSA VIDA MAIS AMORES.

Para as crianças que ainda não fonetizam, ou seja, que não compreenderam que a escrita é um sistema de representação da fala, podem ser significativas as intervenções que as ajudem a controlar a quantidade de caracteres utilizados, a variá-los de acordo com as diferentes escritas, e a usar letras em vez de outros sistemas.

Já para as crianças que fonetizam, fazer relações com palavras estáveis, como o nome próprio da criança e o dos colegas, por exemplo, perguntando-se como começa e como termina, semelhanças e diferenças na escrita, apoia seus processos de investigação sobre as relações entre pauta escrita e pauta sonora das palavras.

Atividades como essa são encontradas na **Unidade 2 – Eu e você**, tendo como referência o nome próprio de cada uma das crianças pequenas de 4 anos a 4 anos e 11 meses de idade.

Os **nomes das crianças** podem se configurar como palavras estáveis se houver um trabalho desenvolvido a partir deles e se forem **consultados** e **utilizados** nas **intervenções**. O uso dessas palavras é a grande **fonte de reflexão** para que as crianças pensem em como se escreve determinada palavra.

O nome apresenta algumas características marcantes para as crianças que estão aprendendo a ler e a escrever como fonte de pesquisa: ele é fixo, não se modifica, nem é ambíguo, ou seja, é uma forma de escrita estável dotada de significado e valiosa fonte de informação.

Isso permite que as crianças pequenas possam refletir sobre como ler e escrever tendo os nomes, o seu e o dos colegas, como referência para as suas análises. Em situações como esta, a criança pode aprender que não é qualquer conjunto de letras que formam o nome, nem qualquer ordem, e que o começo do nome escrito tem relação com o começo do nome falado.

Por isso, considere a lista dos nomes das crianças para com eles, diversificando atividades e fazendo intervenções mais ajustadas.

Exemplos disso encontram-se, nos conteúdos referentes à **Unidade 2 – Eu e você**, presentes no primeiro volume do Livro do Estudante e do Manual do Professor.

Nas **Unidades 2** e **3**, conteúdos de literacia e numeracia, como a escrita de nomes próprios e a localização dos algarismos correspondentes para completar o álbum de figurinhas, celebram o convívio e a amizade, favorecendo, desse modo, direitos de desenvolvimento e aprendizagem das crianças, tais como: conviver, conhecer o mundo e conhecer-se.

A **Unidade 1 – Livro da Flora** apresenta verbetes, em ordem alfabética, de vegetais encontrados no Brasil. O objetivo é que as crianças pequenas conheçam mais sobre árvores e plantas brasileiras, como o buriti e a hortelã, por exemplo, tendo acesso a textos informativos de qualidade. Um projeto de pesquisa e uma história literária completam a unidade.

Em cada uma das páginas do Livro da Flora, as crianças são convidadas a ouvir na roda a leitura em voz alta realizada pelo educador. Ao final de cada página, as crianças encontram um box com a letra inicial da planta apresentada no verbete. Esse conjunto compartilha com as crianças informações sobre o alfabeto e os diferentes tipos de letra para grafá-lo.

Neste **Manual do Professor – volume I**, estão apresentadas orientações detalhadas para esse trabalho, que propicia os direitos de aprendizagem e o desenvolvimento **participar**, **explorar**, **expressar** da BNCC. A **Unidade 4 – Sistema Solar** combina dados científicos, observação e imaginação, brincadeiras com bolas e uma lenda indígena sobre o Sol e a Lua para propiciar situações de aprendizagem significativa para as crianças pequenas de 4 anos a 4 anos e 11 meses. Constitui-se, portanto, em um valioso instrumento para trabalhar de forma integrada e contextualizada os conteúdos de literacia e numeracia constantes na PNA.

Numeracia

Entendemos **numeracia** como a capacidade de entender e trabalhar com números, raciocinar e aplicar conceitos numéricos simples.

Aspectos substanciais de **numeracia** incluem sentidos de números, sentidos de operações, computação, medição, geometria, probabilidade e estatística, além de raciocínio matemático e raciocínio lógico.

Uma pessoa numericamente alfabetizada pode gerenciar e responder a demandas matemáticas da vida.

As propostas de **numeracia**, compartilhadas neste material visam dar elementos para que cada professor possa planejar e desenvolver, com sua turma, atividades que contribuam para que as crianças pequenas avancem em seus conhecimentos sobre noções de quantidade e algarismo, somas, subtrações e proporções simples, noções de formas geométricas elementares, de localização, posicionamento, espacialidade, direcionalidade, noções de grandezas, como tempo, peso e volume, e de seus instrumentos de medida, tudo isso ampliando as possibilidades de raciocínio lógico e matemático.

Para saber se um número é maior ou menor, por exemplo, a criança se vale de **indícios quantitativos** – quantos algarismos um número tem –, e de **indícios qualitativos** – o valor posicional dos algarismos.

Para poder compreender as regras que regem o sistema de numeração que utilizamos, as crianças pequenas precisam usar os números tal como eles aparecem nos diferentes contextos, sem recortes artificiais da série.

As crianças interagem com os números em diferentes contextos sociais e, como boas investigadoras que são, sempre vão ter perguntas sobre eles. Gabriela, aos 4 anos, comenta: "Mãe, eu não vou pra escola hoje, hoje é sábado". "Não, Gabriela, hoje é quarta-feira, dia de escola". E Gabriela: "Hoje é sábado na minha escola".

Os comentários nos mostram que, quando as crianças têm a oportunidade de interagir com os números na forma como eles se apresentam no meio social, refletem tanto sobre seu sentido quanto sobre o valor posicional. Nessas situações, as crianças constroem hipóteses sobre o sistema de numeração.

Outro conjunto de situações é como as crianças pequenas comparam números. Por exemplo, crianças de 4 anos, ao terem de comparar e decidir qual dos seguintes números é maior: 2496 e 32, afirmam que é o 2496, porque tem mais números. Embora não conheçam esses números, sabem que quanto maior a quantidade de algarismos, maior é o número.

Já ao comparar dois números com a mesma quantidade de algarismos, como 29 e 83, costumam argumentar que 83 é maior, porque 8 é maior que 2. Elaboram a hipótese de que os algarismos "valem" diferente se estão em lugares diferentes.

Outras vezes, algumas crianças pequenas se apoiam na contagem oral ou escrita. Ao comparar 23 e 14, afirmam que o 23 é maior porque vem depois, e o comprovam contando ou apontando os números num calendário.

> **Portadores numéricos** – objetos culturais que apresentam uma série ordenada dos números, organizados de diferentes maneiras de acordo com o portador: pode ser um calendário, um relógio, a fita métrica, uma calculadora. É recomendável que diversos tipos de portador fiquem permanentemente na sala, para que as crianças possam consultá-los sempre que desejarem. Eles funcionam como **fonte de informação**, um tipo de "dicionário".

Não há como as crianças pequenas descobrirem as propriedades implícitas no **sistema de numeração escrito** se não tiverem contato com os **portadores de informação numérica**, com usuários do sistema de numeração ou com situações que as levem a refletir sobre essas particularidades.

Em campos abertos de interação e brincadeira, os jogos, como os de percurso entre tantos outros, são situações dinâmicas, que podem ser encontradas nos conteúdos correspondentes à **Unidade 3 – Brincadeiras**, presente no **Livro do Estudante – volume I** e neste **Manual do Professor**. Alguns deles foram idealizados por professores ticuna, no Alto Solimões (AM), em atividades de formação da Organização Geral dos Professores Ticuna Bilíngues (OGPTB). Jogos de construção, jogos de regras e de exploração de espaço também estão na **Unidade 3**, assim como o convite ao faz de conta, que é a atividade principal das crianças nessa faixa etária.

As diferentes **ilustrações e fotografias**, como as dos ticuna ou as de jogos antigos, como do Ganso, das Cobras e Escadas, ou aquelas feitas por crianças, enriquecem o **repertório** de **imagens** e **representações**, tornando-se um convite à investigação de **outras culturas**.

Os jogos apresentados na **Unidade 3** envolvem conteúdos de numeracia e literacia, a leitura de regras dos jogos, o preenchimento do álbum de figurinhas e a leitura do número do dado constituindo-se como práticas sociais que possibilitam avanços significativos para a **numeracia** e a **literacia** emergentes das crianças pequenas. Dessa forma os direitos de aprendizagem e desenvolvimento **conviver**, **brincar** e **participar** são especialmente contemplados.

Diversas situações podem ser propostas para que as crianças pequenas pensem sobre os números escritos. É possível enriquecer as brincadeiras com materiais como notas e moedas de brinquedo, embalagens de alimento, ou folhetos de supermercado. Também é possível incentivar as crianças a produzirem escritas, oferecendo bloquinhos para que anotem a ordem em que serão atendidas no médico ou o telefone de um paciente. Assim, de forma progressiva, elas podem ir aprendendo a reconhecer onde há números, para quê são usados, quais tamanhos de números são utilizados em diferentes contextos, e observar as marcas gráficas que os acompanham (como a vírgula nos preços, ou as barras, nas datas).

O ensino das diferentes funções do número na Educação Infantil tem como objetivo que as crianças pequenas compreendam que usamos os números em diferentes situações e que eles "servem" para muitas coisas: indicam uma data de aniversário; um número de telefone; o lugar onde se mora; a quantidade de bolinhas de gude que se tem; o preço de um produto no supermercado; um canal de televisão; a quantidade de queijo ou de suco em uma embalagem, por exemplo; quanto dinheiro foi gasto no supermercado; a quantidade de copos, pratos e talheres na mesa do jantar; em que ordem serão atendidas as pessoas que estão aguardando o médico; entre outras.

As atividades, brincadeiras, jogos e propostas de investigação do presente material oferecem possibilidades de trabalho envolvendo os seguintes tópicos:

- **O uso dos números tal qual aparecem nos contextos sociais, em suas diferentes funções**

Interagir diariamente com diferentes usos sociais dos números pode favorecer que algumas crianças pequenas tomem consciência de suas diferentes funções, que avancem na contagem, que comecem a elaborar ideias sobre como se escreve e como se lê alguns números, que observem algumas regularidades sobre a escrita ou o nome de alguns números, que comecem a ter certas ideias acerca da quantidade de algarismos de um número ou que memorizem a escrita e o nome de alguns números.

• O número como uma memória de quantidade

Refere-se à possibilidade de determinar uma quantidade e retomá-la sem que esta esteja presente, isto é, o número para lembrar de uma quantidade. Está relacionado ao aspecto cardinal do número.

• O número como memória de posição

Permite recordar o lugar que um objeto ocupa em uma lista ordenada, sem precisar memorizar a lista. Está relacionado ao aspecto ordinal do número.

• O número para calcular

Envolve compreender que uma quantidade pode ser resultado da composição de duas ou mais quantidades.

A **Unidade 4 – Sistema Solar** proporciona o olhar atento da professora ou do professor para medidas de tempo e a periodicidade do movimento de planetas e luas em torno ao Sol. A leitura compartilhada de uma lenda e do modo de fazer bolas de argila de acordo com tradição japonesa instiga, por analogias que correspondem ao modo de pensar das crianças dessa idade, curiosas e ávidas por observar e compreender fenômenos.

Projetos de investigação como este promovem relações significativas de conteúdos entre **numeracia** e **literacia** emergentes nas crianças pequenas, de 4 anos a 4 anos e 11 meses de idade. Com as orientações didáticas presentes neste Manual do Professor, a **Unidade 4** propicia os direitos de aprendizagem e desenvolvimento **brincar**, **conviver** e **participar**.

As noções de espaço e de tempo, assim como as de número, de escrita, e de tudo aquilo que nos constitui, não estão prontas na criança. Todo conhecimento tem uma origem na primeira infância e se desenvolve ao longo da vida em um processo sem-fim. Compreender a gênese, ou origem, e desenvolvimento dos conhecimentos na criança, observando e registrando seus procedimentos na resolução de problemas, é uma das condições necessárias para desenhar situações didáticas que favoreçam a aprendizagem.

A tese fundamental apresentada por Piaget na obra "A representação do Espaço pela Criança" é que no domínio da geometria, a gênese da aquisição das noções espaciais se dá na ordem inversa da história desta ciência. A criança considera primeiro as relações topológicas de uma figura e apenas posteriormente as projetivas e euclidianas, que são construídas quase simultaneamente.

Com efeito, as primeiras relações que a criança pode reconhecer e representar graficamente são as de vizinhança, separação, ordem, entorno e continuidade.

O domínio das relações projetivas permite a construção de uma geometria do espaço exterior ao sujeito, que o contempla desde certa distância. A descentração do sujeito acerca de sua perspectiva atual lhe permite coordenar distintos pontos de vista possíveis e construir uma representação do espaço com o que está interatuando na qual os eixos à frente-atrás e direita-esquerda deixam de ser absolutos (GÁLVEZ, 1996, p. 240).

Assim, além das investigações numéricas, desde pequenas, as crianças investigam o espaço ao seu redor.

As crianças vivem inseridas em espaços e tempos de diferentes dimensões, em um mundo constituído de fenômenos naturais e socioculturais. Desde muito pequenas, elas procuram se situar em diversos espaços (rua, bairro, cidade etc.) e tempos (dia e noite; hoje, ontem e amanhã etc.). Demonstram também curiosidade sobre o mundo físico (seu próprio corpo, os fenômenos atmosféricos, os animais, as plantas, as transformações da natureza, os diferentes tipos de materiais e as possibilidades de sua manipulação etc.) e o mundo sociocultural (as relações de parentesco e sociais entre as pessoas que conhece; como vivem e em que trabalham essas pessoas; quais suas tradições e seus costumes; a diversidade entre elas etc.). Além disso, nessas experiências e em muitas outras, as crianças também se deparam, frequentemente, com conhecimentos matemáticos (contagem, ordenação, relações entre quantidades, dimensões, medidas, comparação de pesos e de comprimentos, avaliação de distâncias, reconhecimento de formas geométricas, conhecimento e reconhecimento de numerais cardinais e ordinais etc.) que igualmente aguçam a curiosidade (BRASIL, 2019, p. 40-41).

O trabalho com o Campo de Experiências "Espaços, Tempos, Quantidades, Relações e Transformações", na Educação Infantil, cria contextos de investigação do espaço e das figuras geométricas, convidando as crianças pequenas a ingressar, em seu tempo e a seu modo, em um modo de pensar que envolvam a antecipação de ações e a representação de espaços tridimensionais e de figuras geométricas. Para isso, é preciso planejar situações que: "apresentem um desafio, tenham algo de novidade para as crianças; convidem as crianças a utilizar seus conhecimentos, mas tornem necessárias novas aprendizagens; tornem necessário pôr em jogo as propriedades dos objetos geométricos" (SESSA, 1998).

A **Unidade 3 – Brincadeiras** do **Livro do Estudante – volume I**, traz possibilidades de trabalho nesse campo, cujas orientações específicas encontram-se no presente volume do Manual do Professor.

Na **Unidade 1 – Livro da Flora**, encontram-se propostas orientadas neste **Manual do Professor** para investigar árvores, como a lobeira, de frutos que constituem cerca de 50% da dieta do lobo-guará no Cerrado brasileiro. Podemos ainda ver a presença do lobo-guará em pinturas nas paredes de pedra, realizadas por nossos ancestrais há milhares de anos, e receitas para fazer tintas naturais. Em um projeto, conteúdos de numeracia e literacia são abordados de forma interdisciplinar e podem acontecer ao longo de todo o ano letivo. A interdisciplinaridade de projetos de investigação e a constância das propostas ao longo de meses, ou de todo o ano letivo, são um ótimo caminho para possibilitar às crianças pequenas, em contextos significativos, os direitos de aprendizagem e desenvolvimento conviver, **brincar**, **participar**, **explorar**, **expressar** e **conhecer-se**.

Avaliações formativas

Ao longo de cada unidade, propomos caminhos possíveis para a avaliação formativa dos temas trabalhados. Ao final destas, orientamos a documentação pedagógica e, quando necessário, apresentamos outros indicadores de avaliação.

Nosso intuito é possibilitar que as crianças pequenas participem de atividades significativas que possibilitem a realização progressiva dos direitos de aprendizagem e desenvolvimento da criança (BNCC, 2018).

> **Atividade significativa** – É aquela em que os conteúdos de aprendizagem têm uma estrutura lógica interna coerente, assimilável e com potencial para motivar alunos e alunas a construir novos conhecimentos com base em seus conhecimentos prévios.

Balizados por esses direitos, avaliamos se nossas intenções educativas contribuem para alfabetização e para compreensão de nosso sistema de numeração em seus usos sociais.

Avaliamos, ainda, se nossa intencionalidade educativa garante o direito à educação dos públicos da educação especial, da educação escolar indígena, da educação escolar quilombola e da educação do campo, valorizando as tradições culturais brasileiras (PNA, 2019).

A compreensão gradual de fenômenos naturais acontece em jogos e brincadeiras e em projetos de exploração e pesquisa, envolvendo atividades de leitura e escrita e do mundo dos números.

> **Intencionalidade educativa** – A intenção educativa do professor se realiza artesanalmente, por intermédio de registros e reflexões continuadas, compartilhadas com colegas e parceiros. Essas reflexões levam à necessidade de conceber, realizar e avaliar currículos de

> Educação Infantil com potencial para atender simultaneamente a quatro dimensões da vida humana: cultura, educação, desenvolvimento e aprendizagem.

No material que você tem em mãos, atividades habituais, sequências didáticas e projetos de investigação podem ser combinados para atender, de forma consequente e articulada, a intencionalidades educativas de professores de cada uma das regiões brasileiras.

Este material foi proposto de modo a convidar a idas e vindas das crianças ao longo do ano. Não se tratam de atividades lineares a serem propostas umas após as outras. Em cada unidade, os caminhos possíveis para explorar o material são claramente apresentados ao professor, ao longo das orientações.

Os jogos, atividades, brincadeiras e projetos propostos investigativos propostos exigem de nós, educadores, registros diários sobre as concepções originais das crianças, suas hipóteses e estratégias a respeito dos temas tratados, e uma sistemática na feitura dos portfólios e das demais documentações pedagógicas, contendo as produções de cada uma das crianças envolvidas nos projetos. São estes os instrumentos essenciais para realizarmos uma avaliação formativa que oriente de forma efetiva as relações de ensino e de aprendizagem que mantemos com as crianças pequenas.

Para uma ecologia da aprendizagem, é preciso considerar como, com quem e o que aprendemos, configurando trajetórias potentes e enriquecedoras de aprendizagem. Isso é especialmente relevante, uma vez que experiências subjetivas de aprendizagem estão na base da construção de um si mesmo como aprendiz.

Em uma ecologia da aprendizagem, os direitos de aprendizagem e de desenvolvimento **conhecer** e **conhecer-se** se articulam simultaneamente. Conhecimento de si e conhecimento do mundo aprimoram-se continuamente em campos de experiências no tempo e no espaço da Educação Infantil.

Uma **avaliação formativa** é o instrumento que temos para nos perguntar se as atividades propostas atendem os objetivos de aprendizagem e desenvolvimento, de acordo com nossa **intenção educativa.**

Para isso, acompanhamos, por intermédio de registros e portfólios das produções das crianças, os procedimentos que elas criam na resolução de situações-problema.

Nós não avaliamos as crianças pequenas, nós tentamos compreender como acontecem os processos de aprendizagem e desenvolvimento de cada uma delas. Para isso, precisamos de nossos registros, uma vez que os testes não informam os processos. E se buscamos garantir apenas resultados uniformes, perdemos de vista nossas intenções educativas.

> **Avaliar e registrar** – professor, mantenha sempre à mão um caderno, se possível sem pauta, para anotar em texto e imagem (fotografia, colagem, desenho) aquilo que você ouve e vê. Essa forma de escuta e observação permanente é sua principal ferramenta de trabalho.

O portfólio consiste em uma pasta ou local que deve conter as produções de cada uma das crianças. Esses portfólios apresentam o modo de ser da criança e sua evolução ao longo do ano, e são, por isso, essenciais e muito valiosos.

Assim, o portfólio serve como um guia da trajetória criadora da criança, que pode sempre voltar aos arquivos para relembrar e se situar. Além disso, o propósito dos portfólios é prover recursos para realizar uma avaliação processual e contínua.

Nas salas de aula, é preciso sempre ter um espaço para colocar as produções das crianças pequenas. Uma vez por mês, o professor pode dispor uma roda com as crianças para fazer a distribuição dos trabalhos a serem colocados no portfólio, quando então serão retomados processos que levaram aos resultados esperados.

Telefones celulares são ferramentas muito úteis para complementar suas anotações. O importante é que a expressão própria da criança se torne observável para você. Com esse aparelho, podemos nos comunicar e expressar em imagens e textos, explorar e pesquisar conteúdos, fazer e ouvir música, produzir e assistir a audiovisuais, interagir em jogos e brincadeiras com pessoas do mundo inteiro.

Computadores, assim como o celular, nos situam em qualquer tempo e espaço, simultaneamente. Com a internet, podemos estar em vários lugares ao mesmo tempo. E, com instrumentos tecnológicos, podemos usar esse dom, aprendendo nossos alcances e limites no estabelecimento de critérios e procedimentos que autodisciplinem seu uso. Com esses aparelhos, nós, educadores, podemos empreender uma via pessoal de aprendizagem e desenvolvimento.

Desde muito cedo as crianças interagem com eles, demonstrando habilidades intuitivas para clicar ou tocar em ícones que as levem ao desenho animado de sua preferência, a fotografar e acessar fotos e vídeos, a pintar e desenhar, a brincar com jogos interativos. Cabe a nós fazer uma seleção de veracidade e qualidade estética no mar de informações disponíveis, sabendo que não é possível ignorá-las.

Temos, hoje, possibilidades de uso da tecnologia que podem ser incorporadas aos projetos educativos, favorecendo "a **literacia familiar** e o direito à educação dos públicos da educação especial, da educação escolar indígena, da educação escolar quilombola e da educação do campo, valorizando as tradições culturais brasileiras" (PNA, 2019).

Literacia familiar

As coisas não estão prontas, e nós não nascemos sabendo. Portanto, para que as coisas ganhem existência, o que sempre falta é um elo, e este é condição de existência e autonomia realizado pela ação. Ação que exige nossa presença, como cozinhar ou ler um livro, com a criança.

O elo que falta é **interagir** e **brincar**, os eixos norteadores da BNCC.

Os livros, brinquedos, histórias, receitas, jogos e brincadeiras, produções das crianças que circulam entre a casa e a escola, entre professores e gestores e as famílias, funcionam como objetos transicionais. Objeto transicional é um termo cunhado pelo psicanalista inglês Donald Winnicott em seu livro *O brincar e a realidade* (2019). Um brinquedo, de preferência da criança, funciona como objeto transicional porque é investido de uma espécie de vida própria, o brinquedo vive pela criança que, assim, se torna um criador da sua própria realidade.

O êxito da literacia familiar envolve três responsabilidades: para o professor, significa compreender o modo de ser do estudante, ouvir e escutar suas respostas, observar e registrar seus procedimentos para melhor compreender e conceber atividades significativas especialmente desenhadas para atender aos direitos de aprendizagem e desenvolvimento da criança.

Para o gestor, é propiciar a formação, atender às necessidades de organização no espaço e no tempo, garantir que o material adequado chegue às mãos do estudante, do professor e da família.

Quanto à família, a inclusão da criança como estudante, também no ambiente doméstico, do cotidiano em casa, implica mudança de hábitos.

Os **livros literários** criam espaço para **brincar** e **interagir** com a criança.

Cada família sabe de si, de seu entorno, cotidiano, o mundo do trabalho e da sobrevivência, os pilares da cultura em que se assentam uma moralidade ética.

- **Há um mundo a ser compartilhado entre casa e escola:** anotar com a criança (sempre em letra de forma) receitas da tradição familiar em um caderno, fazer a comida e degustá-la pode ser uma boa forma de **literacia familiar**.

Um mundo de música e canções, cantigas de ninar, brincadeiras dos avós pode ser compartilhado em volta da mesa em que a família se encontra para conversar.

- **Um mundo de histórias para lembrar, contar e ler:** boa parte da **literacia familiar** consiste em conversas, brincadeiras e leituras nas quais os adultos originários de diversas culturas puxam o fio da memória.

- **Os livros são o que melhor realizam a transição entre casa e escola:** na **literacia familiar,** os livros são objetos transicionais que provocam aprendizagens significativas em crianças e adultos.

Nós, professoras e professores, aguardamos as crianças pequenas na pré-escola, nós chegamos e nos preparamos – organizando o espaço e disponibilizando materiais, com muito estudo e reuniões para planejamentos e avaliações. Nós nos deslocamos de nossas casas, deixando para trás – na medida do possível – nossa própria família e os cuidados domésticos requeridos. Saímos da esfera privada para uma esfera pública, do particular para o coletivo. Se a escola é particular ou pública, nosso público são as crianças. Com elas e para elas, trabalhamos.

Praticar uma **literacia familiar** que produza aprendizagens significativas depende muito da nossa presença como educadores no planejamento e na avaliação. Para estarmos presentes, temos que considerar como somos, de onde viemos, o que é importante na vida para cada um de nós.

Fotografias dos pais, tios e avós, quando crianças, fotos de lugares dos quais se lembra com emoção, ou mesmo algum objeto que conserva de sua infância: quem teve a sorte de conviver em um quintal, entre frutas e passarinhos, com galos e galinhas, brincando com terra, areia ou capim, que traga para o diálogo entre casa e escola essa sua experiência.

As crianças nos mobilizam a puxar o fio da memória. Entoando canções pelas quais tenham especial predileção, mostrem, contemplem fotografias uns dos outros, conversem. Que cada um se comprometa com uma impressão, uma sensação, uma lembrança da infância que faz parte de você até os dias de hoje.

> Escreva sobre ela, guarde-a para si. Ela será seu **ponto de partida para sensibilizar-se** e deixar-se afetar pelas sensações de cada uma das crianças que em breve você receberá no espaço e tempo da Educação Infantil.

Quando trazemos as famílias para o convívio escolar, cada um dos participantes puxa também seu fio da memória. E é assim que, ao longo do ano letivo, reuniões de pais, conversas, histórias, brincadeiras, hábitos alimentares vão se tecendo com os fios da memória de cada um.

> A **literacia familiar** depende da autonomia das crianças!

Pois é a criança que vai participar de rodas de leitura, da escolha de seu livro preferido, das atividades de leitura e escrita, da canção que gostaria de levar para casa, para ensiná-la aos adultos, de levar para a escola a canção aprendida com a mãe.

Ao gestor compete montar e manter uma biblioteca em sua escola, organizar campanhas de empréstimos de livros, organizar visitas em bibliotecas públicas locais.

São esses livros que farão trajeto de ida e volta entre casa e escola, constituindo a base da **literacia familiar**. E como são as crianças a levar e a trazer o livro e toda a experiência vivenciada em sua leitura, a progressiva autonomia do estudante precisa ser incentivada pelos adultos que convivem com ela.

> Ao **compartilhar com as famílias** livros, atividades, repertórios de cada um, ampliam-se as **experiências** de aprendizagem.

O **Livro do Estudante** pode ir e voltar da escola para casa. Nele encontram-se cantigas, histórias e jogos que podem ser realizados também com a família. Até mesmo, dando destaque à **Unidade 1 – Livro da Flora**, para ser lida, comentada e expandida. Afinal, quem nunca se abrigou na sombra de uma mangueira ou outra árvore frondosa, contemplando dali a luz do sol entre a folhagem?

Desejamos um ótimo trabalho aos usuários de nosso material.

Um forte e cordial abraço,

As autoras

Plano de desenvolvimento anual

Uma possível distribuição das atividades

1º bimestre	**Unidade 2:** Nossos nomes (colher escritas no primeiro, no terceiro e no quarto bimestres)
	Unidade 2: Parlendas para escolher
	Unidade 2: Melecas e massinhas
	Unidade 2: A cantiga de roda de que mais gosto
	Unidade 3: Explorar o espaço
	Unidade 3: Jogos de construção
	Unidade 3: Jogos de regras (distribuir jogos nos quatro bimestres)

2º bimestre	**Unidade 1:** Livro da Flora
	Unidade 2: Personagens de contos de fada
	Unidade 2: Cantigas com o nome da gente
	Unidade 3: Brincadeiras cantadas
	Unidade 3: Explorar o espaço
	Unidade 3: Jogos de construção
	Unidade 3: Construir figuras com carimbos
	Unidade 3: Jogos de regras (distribuir jogos nos quatro bimestres)

3º **bimestre**	**Unidade 1:** Livro da Flora
	Unidade 1: O lobo-guará e a lobeira
	Unidade 2: Nossos nomes (colher escritas no primeiro, terceiro e quarto bimestres)
	Unidade 2: Detetive de nomes
	Unidade 2: Álbum de figurinhas
	Unidade 2: Cantigas com o nome da gente
	Unidade 3: Brincadeiras cantadas
	Unidade 3: Jogos de regras (distribuir jogos nos quatro bimestres)
	Unidade 4: Sistema Solar

4º **bimestre**	**Unidade 1:** No sítio Antares
	Unidade 2: Nossos nomes (colher escritas no primeiro, no terceiro e no quarto bimestres)
	Unidade 3: Brincar de faz de conta
	Unidade 3: Brincadeiras antigas
	Unidade 3: Mapas e caminhos
	Unidade 3: Construção com figuras geométricas
	Unidade 3: Jogos de regras (distribuir jogos nos quatro bimestres)
	Unidade 4: Sistema Solar

Referências

BRASIL. *Base Nacional Comum Curricular*. Brasília: MEC, 2018. Disponível em: <bit.ly/2GcLGU2>. Acesso em: 22 ago. 2020.
Originada de um amplo debate, a Base Nacional Comum Curricular tem como eixos norteadores "Brincar" e "Interagir" e estrutura-se em "Campos de Experiência" visando propiciar os direitos de aprendizagem e desenvolvimento das crianças — conviver, brincar, participar, explorar, expressar e conhecer-se.

BRASIL. Ministério da Educação. Secretaria de Alfabetização. *PNA Política Nacional de Alfabetização/Secretaria de Alfabetização*. Brasília: MEC, SEALF, 2019. Disponível em: <bit.ly/3mUKSnj>. Acesso em: 23 set. 2020.
A eleição de evidências científicas leva a práticas de literacia e numeracia que conduzam crianças ao treino de habilidades para conectar grafemas e fonemas.

DEHEINZELIN, M. *Móbiles da ação*: da cor à experiência estética. 2013. Tese (Doutorado em Educação) – Faculdade de Educação, Universidade de São Paulo, São Paulo, 2013. Disponível em: <bit.ly/3mZFcdk>. Acesso em 05 jan. 2022.
A experiência com cores primárias demonstra que todo e qualquer conhecimento se origina de afeto, percepção e sensações estéticas, guiadas pelo sentimento.

GONÇALVES DIAS, A. Canção do exílio. In:_____. *Poesia*. São Paulo: Agir, 1969 [1846]. (Coleção Nossos Clássicos)
A leitura, a escrita e o convívio continuado com poesia de todas as épocas e lugares abre caminhos para o pensamento poético, as aprendizagens significativas e o desenvolvimento.

GÁLVEZ, G. A geometria, a psicogênese das noções espaciais e o ensino da geometria na escola primária. In: PARRA, C.; SAIZ, I. (Orgs.). *Didática da matemática*: reflexões psicopedagógicas. Porto Alegre: Artmed, 1996. p. 240.
Compreender, ao mesmo tempo, estruturas internas da matemática e o modo como as crianças interagem com elas, proporciona elementos para propostas didáticas.

HERRENSCHMIDT, C. O todo, o enigma e a ilusão. *In:* BOTTÉRO, J. (Org.). *Cultura, pensamento e escrita*. São Paulo: Ática, 1995. p. 101.
Em contraponto a outros modos de grafar, a escrita alfabética concebida pelos gregos possibilita que qualquer um de nós, usuários das línguas, possa ler e escrever textos.

LERNER, D. Delia Lerner. Entrevista concedida a Comunidade Educativa CEDAC. 2 set. 2019. Disponível em: <bit.ly/3kPRnWv>. Acesso em: 31 ago. 2020.
Délia Lerner enfatiza, com exemplos, a necessária articulação entre a apropriação do sistema de escrita (alfabetização) e as práticas sociais de leitura e escrita (letramento).

MORAIS, A. G.; SILVA, A. Consciência fonológica na educação infantil: desenvolvimento de habilidades metalinguísticas e o aprendizado da escrita alfabética. *In:* BRANDÃO, A. C. P.; ROSA, E. C. S. (Orgs.). *Ler e escrever na educação infantil*. Belo Horizonte: Autêntica, 2010. p. 73-91.
Uma coletânea de artigos sobre o planejamento de práticas significativas que integram o letramento e a alfabetização, concebidas e realizadas para menores de seis anos.

SOARES, M. A *alfabetização e o letramento no Brasil, segundo Magda Soares*. Entrevista concedida a Desafios da Educação. 22 ago. 2019. Disponível em: <bit.ly/30r0vJx>. Acesso em: 30 ago. 2020.
A alfabetização se desenvolve em contexto de letramento, que dá sentido ao aprender a ler e escrever. Portanto, ser alfabetizado supõe ter também algum nível de letramento.

SESSA, C. Acerca de la enseñanza de la geometría. *In.*_____ *et al*. *Matemática*: temas de su didáctica. Buenos Aires: CONICET, 1998.
Conselho Nacional de Investigações Científicas e Técnicas da Argentina publica pesquisas importantes, também na área de ensino e aprendizagem da Matemática.

TOLCHINSKY, L.; RÍOS, I. O que os professores dizem fazer para ensinar a ler e escrever? *In:* ESPINOZA, A. M. *et al*. *30 olhares para o futuro*. São Paulo: Escola da Vila, 2010. p. 174.
Na publicação, especialistas de experiências educacionais no mundo todo dão sua contribuição para o ensino e a aprendizagem significativa em áreas de conhecimento.

VERNON, S. Letras y sonidos en la alfabetización inicial. *In:* CONSEJO NACIONAL DE CIENCIA Y TECNOLOGIA. *Cuaderno de trabajo Sistema de Investigación Miguel Hidalgo*. México: Conacyt, 1999.
Aprender a escutar, aprender a falar. Sofia Vernon investiga relações entre a língua que se escreve e a língua que se fala no início do processo de alfabetização e letramento.

WEISZ, T. *O diálogo entre ensino e aprendizagem*. São Paulo: Ática, 2018. p. 68.
A metodologia de tematização da prática está baseada em uma concepção construtivista da aprendizagem significativa e em um modelo de ensino por resolução de problemas.

WINNICOTT, D. W. *O brincar e a realidade*. Tradução de Breno Longhi. São Paulo: Ubu, 2019.
A partir de sua própria prática psicanalítica, o autor nos fornece elementos para compreender a essência dos eixos norteadores da BNCC — brincar e interagir.

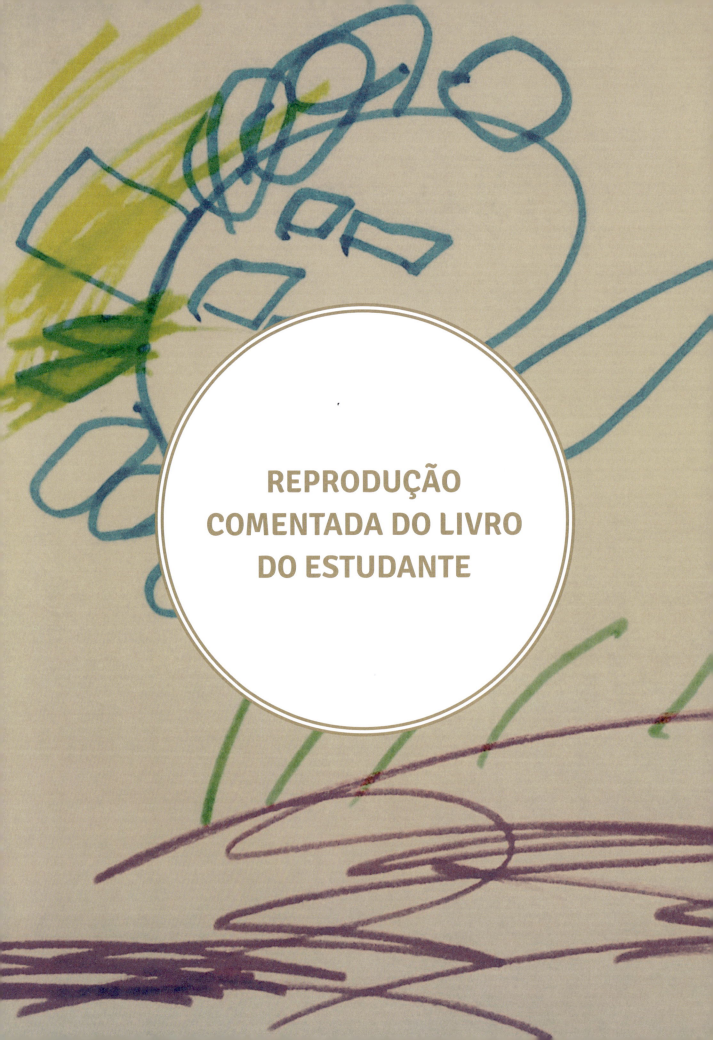

REPRODUÇÃO COMENTADA DO LIVRO DO ESTUDANTE

Página 3

APRESENTAÇÃO

MENINAS E MENINOS DE TODO O BRASIL,
ESTE É UM LIVRO PARA BRINCAR, DESENHAR, ESCREVER, CANTAR E OUVIR HISTÓRIA.
NO **SUMÁRIO**, VOCÊ VERÁ O TÍTULO E O NÚMERO DA PÁGINA ONDE COMEÇA CADA **UNIDADE**. E NO FIM DE TODAS AS UNIDADES HÁ UM **GLOSSÁRIO**, PARA VOCÊ APRENDER MAIS SOBRE O ASSUNTO ESTUDADO.
SABIA QUE A CORUJA FEZ GRRRRRR PARA O MANUEL E ELE NÃO ASSUSTOU? ELE NÃO LEVOU SUSTO COM A CORUJA NEM COM O LOBO-GUARÁ QUE ENCONTROU NA ESTRADA. LEIA A HISTÓRIA **NO SÍTIO ANTARES**, QUE COMEÇA NA PÁGINA 49 ✱ DA **UNIDADE 1 – LIVRO DA FLORA**.
NÃO VAI DAR PARA TROCAR FIGURINHAS. SABE POR QUÊ? TODO MUNDO RECEBE AS MESMAS FIGURINHAS PARA FAZER O SEU ÁLBUM, QUE COMEÇA NA PÁGINA 70 ✱ DA **UNIDADE 2 – EU E VOCÊ**. AS FIGURINHAS PARA RECORTAR ESTÃO NOS **ANEXOS**, DEPOIS DA PÁGINA 156.
NA **UNIDADE 3 – BRINCADEIRAS** VAI DAR PARA CANTAR COM SEUS AVÓS A MÚSICA DO **JACARÉ BOIÔ** E DESENHAR O SEU **JACARÉ** NA PÁGINA 107. O JOGO **OS PASSARINHOS** ESTÁ NA PÁGINA 133 E PRECISA DE 4 JOGADORES. O **JOGO DO MATINTIM** ESTÁ ANTES, NA PÁGINA 128.
QUANDO VOCÊ SE DEITAR NO CHÃO PARA OLHAR A LUA E CONTAR AS ESTRELAS, VAI SABER QUE ESTÁ NO PLANETA TERRA. GIRAR NO GIRA-GIRA, JOGAR BOLA, FAZER UMA BOLA DE ARGILA, TUDO ISSO ESTÁ NA **UNIDADE 4 – SISTEMA SOLAR**, QUE COMEÇA NAS PÁGINAS 136 E 137.
COM ESTE LIVRO, VOCÊ VAI APRENDER QUE AS PALAVRAS ESCRITAS COM LETRAS TÊM SOM. E OS NÚMEROS DIZEM, ENTRE OUTRAS COISAS, HÁ QUANTO TEMPO O LOBO-GUARÁ VIVE NO CERRADO.
QUE ESTE ANO COM O SEU LIVRO SEJA MUITO BOM PARA VOCÊ!

♥ AS AUTORAS

Professoras e professores de todo o Brasil,

Este é o livro complementar ao Livro do Estudante. Especialmente concebido para acompanhar o seu dia a dia nas escolas com meninas e meninos de todo o Brasil, comenta, página a página, as propostas para crianças pequenas a serem realizadas e ampliadas por você de acordo com sua experiência e o que é próprio da região onde vive e trabalha.

> São as mais **diversas vozes** que se combinam de modo a oferecer aos **pequenos estudantes** tudo aquilo que nos constitui e dá **sentido ao mundo**.

Se no Livro do Estudante dialogamos com as crianças, buscando compreender, ao mesmo tempo, seu ponto de vista e as estruturas internas dos objetos de conhecimento que oferecemos a elas, neste Manual do Professor dialogamos com vocês, e em duas frentes: didáticas que aproximam ensino e aprendizagem e a contínua ampliação de nossos saberes. O objetivo maior é aprender a aprender, sempre.

> **Brincar** e **interagir** são os **eixos norteadores** que assumimos em nossa proposta, porque são as ações primordiais que nos conduzem ao **conhecimento simultâneo de si e do mundo**.

Desse modo, há uma continuidade entre a criança que já fomos e o adulto que convive com ela – "O menino é pai do homem", bem disse o grande escritor brasileiro Machado de Assis.

Nunca mais seremos tão inteligentes como fomos aos 4 anos de idade! Isso se deve ao pensamento sensório-motor: sentir e agir ao mesmo tempo. A criança pequena se afeta por um fenômeno, como a presença de uma árvore, do Sol ou da Lua, e cria procedimentos para compreender interdependências entre eles.

> Cabe a nós **aprender** com a criança e recuperar essa **base estética** do **conhecimento**.

Pilar do nosso material, o Livro da Flora, é fonte para alfabetização, uso e compreensão dos números em contextos significativos, exploração do meio físico e social. Um livro informativo e literário para que você conte com recursos pedagógicos a alimentar sua prática ao longo de todo o ano letivo.

Que a sua alegria em ser educador encontre ressonância no material que aqui oferecemos a você.

♥ *As autoras*

Páginas 4 e 5

As quatro unidades do Livro do Estudante recebem uma cor e um ícone que as distingue uma das outras:

Unidade 1 – Livro da Flora ✿
Unidade 2 – Eu e você ★
Unidade 3 – Brincadeiras 🏀
Unidade 4 – Sistema Solar 🌎

Esses recursos gráficos têm o propósito de facilitar a vida do estudante que ainda não sabe ler e escrever por conta própria, mas que se vale de indícios para estabelecer relações entre como se fala e como se escreve. Nesse caso, a combinação de algarismos e ícones, assim como a escrita por extenso dos números das páginas, serve para a criança se guiar em seu exemplar do Livro do Estudante.

A orientação sugerida é algo como: "Pessoal, vamos abrir o livro na página 87 ★ para cantar DE ABÓBORA FAZ MELÃO". E dar dicas para que cada criança encontre a página em seu exemplar: "É vermelho e tem estrela, 87 tem 8 e 7 no número, fica depois de CIRANDA, CIRANDINHA, que está na página 85 ★ e que cantamos ontem". Você pode ouvir as canções do livro acessando pelo celular o código QR que se encontra no quadro de cada uma delas.

Textos entre colchetes são consignas de atividades a serem realizadas pela própria criança naquela página.

O LIVRO DA FLORA será consultado muitas vezes ao longo do ano, tornando as crianças pequenas cada vez mais autônomas na busca das páginas que estão no SUMÁRIO. Na página 9 ✿, em forma de jornal, EXTRA!, projeto de pesquisa e história, envolvendo a lobeira e o lobo-guará, está anunciado.

Os GLOSSÁRIOS ao final das unidades, como aquele que pode ser encontrado na página 155 🌎 da Unidade 4 – Sistema Solar, trazem imagem e texto para cada um dos verbetes.

Nos ANEXOS, o projeto gráfico em páginas duplas ✂ possibilita recortar, obtendo peças com verso de bolinhas, ou números, no caso do ÁLBUM DE FIGURINHAS. ∎

UNIDADE 1 · INTRODUÇÃO

Páginas 6 e 7

As crianças são curiosas e querem compreender como funcionam as coisas, como elas existem, quem as inventou. Costumamos dizer que elas estão na fase do porquê, justamente por estarem ávidas nas muitas tentativas de significar o mundo em que vivem e poder compreendê-lo melhor.

As plantas estão por toda a parte. Mesmo nas grandes metrópoles, podemos encontrá-las nas ruas, nos parques e, inclusive, dentro de casa. Nas ruas é comum ver cenas em que crianças pequenas param para observá-las, querendo tocá-las, sentir como são as texturas e o cheiro. Esse contato e interesse podem se tornar uma experiência ainda mais significativa quando incluímos momentos de reflexão em torno de suas características e podemos oferecer contextos em que a leitura e a escrita façam sentido em um trabalho de pesquisa.

Buscamos textos expositivos com um propósito, em geral, de encontrar informações sobre algum conteúdo específico. Essa busca orienta a leitura e norteia o trabalho com os diferentes gêneros, o qual tem como função trazer novos conhecimentos. Quando a criança faz descobertas sobre algo, quer compartilhar com os demais, surgindo a necessidade de registrar as informações provisórias e sistematizá-las para cumprir seu desejo de partilha. Por essa razão, o Livro da Flora é uma excelente oportunidade de desenvolver uma pesquisa a partir do interesse das crianças a fim de que reflitam sobre o sistema de escrita e também sobre a linguagem utilizada nos verbetes.

Em uma rotina de alfabetização, é fundamental conter quatro situações didáticas fundamentais, segundo especialistas da didática da língua: a leitura

27

e a escrita pelo aluno; e a leitura e a escrita por meio do professor. As primeiras situações permitem que as crianças leiam e escrevam de acordo com suas hipóteses, e o professor pode contribuir para que avancem em suas internalizações sobre o funcionamento do sistema de escrita. Já as demais permitem que as crianças participem de leituras de textos literários e expositivos e possam avançar na compreensão leitora, bem como de produções, ditando ao professor e tendo a oportunidade de refletir sobre a organização da linguagem escrita em determinados gêneros.

Tudo isso pode ser atravessado por experiências no campo das ciências, de análises e observações das árvores; no campo das artes, de registros fotográficos e desenhos; e também no campo da linguagem, como já defendido anteriormente, nas diversas situações de leitura e escrita.

Os dados informativos do **Livro da Flora** são revistos em **O lobo-guará e a lobeira no Cerrado do Brasil** e podem ser adaptados a outros contextos de biomas brasileiros.

A história **No sítio Antares** propõe um uso literário das informações e da **pesquisa** empreendida com as crianças.

As propostas desta unidade se relacionam com os seguintes Campos de Experiências:

➔ Escuta, fala, pensamento e imaginação;
➔ Espaços, tempos, quantidades, relações e transformações;
➔ Traços, sons, cores e formas.

OBJETIVOS PEDAGÓGICOS

- Expressar-se livremente por meio de desenho, pintura, colagem, dobradura e escultura, criando produções bidimensionais e tridimensionais (**BNCC: EI03TS02**).
- Expressar ideias, desejos e sentimentos sobre suas vivências, por meio da linguagem oral e escrita (escrita espontânea), de fotos, desenhos e outras formas de expressão (**BNCC: EI03EF01**).

- Escolher e folhear livros, procurando orientar-se por temas e ilustrações e tentando identificar palavras conhecidas (**BNCC: EI03EF03**).
- Levantar hipóteses sobre gêneros textuais veiculados em portadores conhecidos, recorrendo a estratégias de observação gráfica e/ou de leitura (**BNCC: EI03EF07**).
- Selecionar livros e textos de gêneros conhecidos para a leitura de um adulto e/ou para sua própria leitura (partindo de seu repertório sobre esses textos, como a recuperação pela memória, pela leitura das ilustrações, etc.) (**BNCC: EI03EF08**).
- Levantar hipóteses em relação à linguagem escrita, realizando registros de palavras e textos, por meio de escrita espontânea (**BNCC: EI03EF09**).
- Estabelecer relações de comparação entre objetos, observando suas propriedades (**BNCC: EI03ET01**).
- Identificar e selecionar fontes de informações, para responder a questões sobre a natureza, seus fenômenos, sua conservação (**BNCC: EI03ET03**).
- Registrar observações, manipulações e medidas, usando múltiplas linguagens (desenho, registro por números ou escrita espontânea), em diferentes suportes (**BNCC: EI03ET04**).
- Ampliar os conhecimentos prévios sobre fatos e conceitos (**PNA, 2019**).
- Ampliar o vocabulário – amplitude, precisão, articulação, etc. (**PNA, 2019**).
- Familiarizar-se com livros e textos impressos, conhecimentos em literacia (**PNA, 2019**).
- Utilizar estratégias de leitura, como predição, antecipação, verificação, inferência e seleção (**PNA, 2019**).
- Avançar em relação ao conhecimento alfabético, e consequentemente a consciência fonológica (**PNA, 2019**).
- Ampliar o reconhecimento de palavras familiares (**PNA, 2019**).

Você notará que as orientações desta unidade estão distribuídas ao longo das páginas para tornar possível o aprofundamento em cada um dos aspectos envolvidos no trabalho, com propostas em relação a pesquisas e aos procedimentos; conhecimento alfabético e fonológico; práticas de leitura e escrita emergentes, entre outras.

IMPORTANTE: Recomendamos que você faça a leitura de todas as orientações da unidade antes de apresentar as propostas para sua turma, pois há várias sugestões ao longo do trabalho que podem nortear suas escolhas desde o início.

UNIDADE 1 · PÁGINA A PÁGINA

Páginas 8 e 9

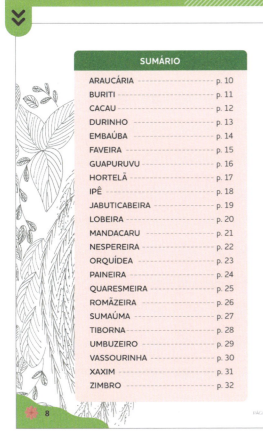

Para iniciar o trabalho com uma discussão interessante junto às crianças pequenas, explorar o sumário do material, como parte integrante do Livro da Flora e de outros livros informativos sobre os mais variados conteúdos, pode ser uma ótima oportunidade de aproximar as crianças dessa organização discursiva de tais portadores. Para disparar uma conversa sobre isso, é importante saber o que elas pensam sobre o sumário e sua funcionalidade. Anotar as primeiras ideias também pode ser uma forma de registrar o avanço das reflexões realizadas ao longo das atividades.

29

Para **fomentar a discussão**, ler o nome de algumas plantas pode dar **pistas** sobre do que se trata essa lista. Chamar atenção para os **números** que aparecem e **pensar** o que representam também.

Uma das maneiras mais propícias para as crianças pequenas possam compreender e estabelecer relações com o sumário é o professor servir de modelo e evidenciar os procedimentos de busca de uma planta e sua respectiva página. Então, diga a elas que ali há todas as plantas que constam no material e, depois de ler a lista, pergunte qual delas as crianças gostariam de conhecer melhor. Mostre no sumário onde ela se localiza, leia o número e vá a até a página correspondente. Em seguida, conversem sobre esse procedimento de busca.

Fazer isso nas mais **variadas situações**, ao longo da sequência de trabalho, permitirá que as crianças compreendam e façam uso do sumário em **outros contextos**.

O sumário também é uma ótima oportunidade para oferecer momentos de leitura pela criança, para que ela possa colocar em jogo o que pensa sobre o sistema de escrita. Essas propostas, com orientações mais detalhadas, constam neste material de apoio ao professor.

Páginas 10 e 11

ARAUCÁRIA
ARAUCARIA ANGUSTIFOLIA

TAMBÉM CONHECIDA COMO PINHEIRO-BRASILEIRO, A ARAUCÁRIA PODE VIVER CERCA DE 200 ANOS E ATINGIR UMA ALTURA DE ATÉ 50 METROS. ELA PARECE UMA GRANDE TAÇA: SEU TRONCO É RETO E HÁ GALHOS APENAS NO TOPO. SUAS FOLHAS SÃO DURAS E PONTIAGUDAS, E FICAM PRESAS À ÁRVORE POR MUITOS ANOS. SUAS FLORES SÃO CONHECIDAS COMO PINHAS, E AS SEMENTES SÃO OS FAMOSOS PINHÕES. É ENCONTRADA EM SÃO PAULO, NO PARANÁ, EM SANTA CATARINA, NO SUL DE MINAS GERAIS E NO NORTE DO RIO GRANDE DO SUL.

ARAUCÁRIA É UM NOME QUE COMEÇA COM A **LETRA A**.
VEJA OUTRAS FORMAS DE ESCREVER A **LETRA A**:
A a A a

PÁGINA DEZ — 10

BURITI
MAURITIA FLEXUOSA

O BURITI É A MAIS ALTA DAS PALMEIRAS BRASILEIRAS, ATINGINDO ATÉ 35 METROS. GOSTA DE TERRENOS COM MUITA ÁGUA E POSSUI FOLHAS GRANDES DISPOSTAS EM LEQUE. AS FLORES, AMARELAS, SÃO REUNIDAS EM LONGOS CACHOS. O FRUTO É UM COQUINHO REVESTIDO POR ESCAMAS MARRONS BRILHANTES. SUA POLPA É CONSUMIDA NA FORMA DE DOCES, SORVETES OU SUCOS, E A AMÊNDOA QUE FICA DENTRO DA SEMENTE É COMESTÍVEL.

BURITI É UM NOME QUE COMEÇA COM A **LETRA B**.
VEJA OUTRAS FORMAS DE ESCREVER A **LETRA B**:
B b B b

PÁGINA ONZE — 11

Uma roda de conversa sempre é uma possibilidade potente para ouvir o que as crianças têm para comentar sobre determinado assunto e também para propor um trabalho que pode acontecer a partir do Livro da Flora. Há muitas formas de desenvolver situações didáticas que envolvam os verbetes sobre toda essa diversidade da flora brasileira.

Deixar que elas **explorem** o livro, apreciando as **imagens** e observando os detalhes sobre sua **organização**, pode ser uma primeira oportunidade de iniciar uma **escuta ativa** da criança.

→ O que chama mais a atenção delas?
→ Quais são os comentários que fazem?
→ O que já sabem sobre as plantas?

Essas são algumas perguntas que podem orientar a sua observação enquanto as crianças exploram e leem o material. Em seguida, abrir um espaço para compartilharem as impressões e o que sabem é imprescindível. Algumas das falas, inclusive, podem servir de parâmetro para o desenvolvimento do trabalho.

> A roda de conversa parece um momento simples e informal, mas em se tratando de crianças pequenas torna-se uma atividade fundamental. Como qualquer outra atividade que faça parte de um trabalho pedagógico com intencionalidade educativa, a roda requer planejamento. Ela não pode ser realizada simplesmente de forma intuitiva, sem compromisso, sob o risco de fazermos desse momento um ato mecânico, sem maiores significados para as crianças. Quando isso acontece, elas ficam impacientes e irrequietas com a obrigação de esperar todos os colegas falarem, numa prática que pode ser considerada de antilinguagem, porque é constituída de enunciados estereotipados e uniformizantes (OSAKABE, 1984). Por outro lado, em circunstâncias particulares de interação em grupo, principalmente na presença de um adulto interessado, as crianças pequenas são capazes de construir narrativas longas e complexas (SCARPA, 2000).

Pode ser interessante, nesse momento, mostrar às crianças que existem muitos livros organizados na ordem alfabética, que, além das enciclopédias, há também os abecedários, geralmente compostos por poemas e, alguns, com pequenos verbetes, como esse Livro da Flora. Se tiver livros do gênero abecedário no acervo da escola, mesmo aqueles que apresentem conteúdo distinto das plantas, leve-os à sala de aula para mostrar e ler trechos com as crianças para que elas possam explorar, além do conteúdo, o formato como é organizado.

Abecedário da Natureza Brasileira (2014) é um exemplo de abecedário que trata do conteúdo abordado no Livro da Flora.
Outra possibilidade potente nesse momento inicial é organizar uma lista de plantas conhecidas pelas crianças. Ela cumpre alguns propósitos, entre eles: o de levantar os conhecimentos prévios sobre as plantas já conhecidas; servir como um registro que pode ser ampliado conforme o estudo avança e oferecer um momento de escrita repleta de sentido. ■

Páginas **12** e **13**

Participar de situações de pesquisa, envolvendo alguns dos principais procedimentos do pesquisador, tais como a busca de materiais que atendam ao seu propósito, a leitura para procurar informações específicas e a organização das informações descobertas, precisa ser incorporada a uma rotina de trabalho mesmo quando os estudantes são crianças de 4 anos, pois se trata de uma prática social em que alguns comportamentos leitores e escritores estão em jogo.

Segundo a especialista Delia Lerner,

> *Os comportamentos do leitor e do escritor* são conteúdos – e não tarefas, como se poderia acreditar – porque são aspectos do que se espera que os alunos aprendam, porque se fazem presentes na sala de aula precisamente para que os alunos se apropriem deles e possam pô-los em ação no futuro, como praticantes da leitura e da escrita (LERNER, 2002, p. 62).

Entre os comportamentos leitores, Lerner exemplifica alguns, como atrever-se a ler textos difíceis – verbetes de enciclopédias –; e entre os comportamentos escritores cita planejar, textualizar e revisar como procedimentos típicos de situações de produção.

Com desafios ajustados e envolvendo momentos de leitura e escrita pelo professor, as crianças têm a oportunidade de participar de situações que apresentam propósitos reais para ler e escrever sobre as plantas.

Em geral, buscamos os textos expositivos para procurar alguma informação específica, e, nesse sentido, é preciso que as crianças leiam os verbetes sobre a flora com uma postura investigativa. Para isso, depois de ter explorado o livro, lido ou ouvido o nome das plantas que constam no material e feito a leitura de um verbete, é possível lançar uma proposta para as crianças elaborarem perguntas sobre o que gostariam de saber a respeito das plantas.

Essas questões podem ser as que nortearão o trabalho de leitura dos verbetes, justamente por

32

orientar a busca por informações que realmente interessem os alunos.

Para isso, **é importante** disponibilizar um canto do mural da sala de aula para conter **dois espaços.**

Podem selecionar, também, uma planta específica, a que menos conhecem ou a que tem próxima à escola para saber mais sobre ela. O interesse das crianças é o que balizará as escolhas do percurso da pesquisa.

O QUE JÁ SABEMOS SOBRE AS PLANTAS	O QUE QUEREMOS SABER?

Páginas 14 e 15

Ler os verbetes em voz alta para as crianças é uma forma de elas poderem ter acesso a informações organizadas sobre as plantas. Neste gênero, algumas palavras são desconhecidas por serem, às vezes, mais técnicas. Entrar em contato e conversar para ampliar as possibilidades de compreensão é uma prática que se aproxima muito das que são realizadas fora da escola.

Para iniciar a atividade de compreensão do texto, você pode realizar uma leitura na íntegra

33

e depois reler parando em certas passagens para explicar, discutir, exemplificar, pedir que comentem e busquem respostas para as perguntas feitas.

Durante o **intercâmbio de ideias**, você pode, ainda, ajudar a **estabelecer relações** entre as **informações lidas**, ou entre o que as crianças já sabem sobre o conteúdo abordado, para que possam reconstruir as ideias do texto, **ampliando os conhecimentos** que tinham antes.

Quando lemos, por exemplo, que a embaúba é uma planta "nativa da Mata Atlântica [...] encontrada em quase todo o Brasil, em regiões de clima quente e úmido", podemos conversar em torno dessa informação, sem a necessidade de saber o significado de palavras como "nativa". A ideia geral da frase já ajuda a criança a compreender que essa árvore é encontrada em lugares mais quentes e úmidos. Mostrar o mapa do Brasil, nesse momento, por exemplo, pode ser uma alternativa interessante para as crianças poderem ver quais são as regiões mais quentes, onde fica a Mata Atlântica.

As informações numéricas também são ótimas para os alunos poderem fazer comparações, por exemplo, "a faveira pode ter até 20 metros de altura". Quanto é esse tamanho? Considerando que cada criança mede, aproximadamente, 1 metro, imagine como seriam 20 metros. Mensurar espaços da escola com fita métrica e um barbante pode ser uma alternativa para a compreensão real de quanto mede esta árvore. Comparar com a embaúba, que mede, no máximo, 7 metros, é outra possibilidade interessante.

Depois de comentários gerais sobre os verbetes lidos, é possível voltar para as perguntas feitas e verificar se encontraram alguma resposta. Nesse caso, é possível registrar em um mural as informações descobertas, via ditado ao professor, ou seja, as crianças selecionam a resposta e ditam para ser escrita pelo professor. Essa orientação é importante porque a criança pode elaborar a resposta, pensando na melhor forma de selecionar o conteúdo. Esse exercício é um desafio para elas, mas podem avançar muito ao longo destas situações de leitura e busca de informações.

Mapa de biomas do Brasil.

Caso não tenha algo específico para saber a respeito de algumas **árvores**, ainda é válida a leitura para promover uma **conversa sobre as descobertas** feitas pelas crianças. Conforme ampliam seus conhecimentos sobre a flora, **novas perguntas podem surgir**.

Páginas 16 e 17

Durante a exploração do Livro da Flora, com base nas leituras feitas pelo professor e na busca por informações específicas a partir do interesse das crianças, pode ser muito interessante propor uma caminhada ao redor da escola ou no próprio parque, se tiver árvores neste espaço, para pedir que elas observem as características do tronco, das folhas, se há raiz para fora da terra ou se não conseguem vê-la, se há presença de flores e frutos, entre outras.

É interessante, também, recolherem as folhas que estão no chão para levá-las à sala de aula. Chegando lá, podem comparar tamanhos, texturas, cores, formatos e registrar o que conseguiram observar por meio de um desenho. Vale destacar que um pesquisador registra suas descobertas não só por meio da palavra escrita, mas também por meio de ilustrações. Nesse caso, é preciso que sejam o mais fiel possível ao que estão observando.

Manusear, olhar com mais calma e deixar perto para poderem consultar são algumas condições importantes para esse momento.

Brincar com **elementos da natureza** também é uma atividade que pode ser incorporada, já que sabemos que a **brincadeira** é um dos **eixos norteadores** de todo o trabalho da Educação Infantil e que as crianças podem estabelecer outras **relações** e **conexões** com tais elementos.

Saber o nome de algumas árvores que estão presentes na rua da escola, ou próximas a ela, e verificar se estão escritas no Livro da Flora pode ser uma atividade que potencialize a análise, a classificação e, consequentemente, a descoberta de novas plantas ou das que são encontradas nas

35

regiões que frequentam. Fotografar algumas das árvores pode gerar uma galeria de imagens a ser exposta no mural da escola e/ou servir de apoio a novas pesquisas.

Uma atividade potente seria propor, depois de descobertos os nomes das árvores, a escrita deles. Essa situação em que as crianças escrevem por si mesmas permite que elas reflitam sobre o funcionamento do sistema de escrita, mesmo que algumas delas ainda desenhem.

> Oferecer esses momentos e **valorizar** as **produções infantis** é considerar toda a **potência** e o **protagonismo** delas no processo de aprendizagem.

A partir desse registro, podemos saber o que a criança pensa que a escrita representa. Em uma perspectiva de compreensão do funcionamento do sistema de escrita, ela pode desenhar a árvore, fazer uma garatuja e dizer que ali está escrito "**árvores**" (ou o nome dela), escrever com símbolos que se assemelham **às** letras; ou com letras e outros símbolos, como os números; escrever somente com letras sem ou com controle de quantidade, e até mesmo escrever com letras pertinentes ao nome escrito.

> Todas essas possibilidades são a **riqueza do trabalho de escrita**. É por meio dele que as crianças pensam ativamente sobre a **cultura letrada** que as cerca e pode **estabelecer relações** com o que vê nos livros.

A depender de como pensam, algumas intervenções são mais potentes que outras, e são essas as oportunidades de ajudá-las a avançar na representação do que querem escrever.

Saber que a **escrita** representa a **fala** é uma apropriação necessária, pois, a partir desse **conhecimento**, as crianças podem utilizar letras para escrever e começar a diferenciá-las de outros **símbolos**. Podem ainda passar por um período de **fonetização**.

Investigando processos de aquisição de leitura e de escrita, a doutora Sofia Vernon (2004) estudou a natureza da passagem da escrita ainda não fonetizada para uma escrita já fonetizada. A sua pesquisa deixa claro que não se tratava de uma simples transferência de saberes, e sim de uma construção. Segundo a pesquisadora, as crianças enfrentam um desafio de pensar como recortar algo contínuo, a oralidade, e fazê-la corresponder com elementos descontínuos e contáveis como as letras. Segundo a autora:

> o trabalho didático é impossível somente a partir dos exercícios de recorte oral. É necessário colocar desafios com a escrita que lhes permitam ir descobrindo como se relacionam a escrita e a oralidade em nosso sistema alfabético (VERNON, 2004).

Páginas **18** e **19**

As situações de leitura também são muito potentes para as crianças refletirem sobre o sistema de escrita, e elas precisam ser convidadas a ler mesmo sem saber essa prática convencionalmente. Isso porque se aprende a ler lendo. Parece *slogan*, e tem-se usado muito essa frase no contexto escolar, mas é verdade que quanto mais amplas forem as possibilidades de contato das crianças com a leitura maiores possibilidades ela terá de aprender a ler. Precisamos também considerar que a leitura é muito mais do que ler as letras, e, quando oferecemos as condições necessárias, as crianças podem ler e pensar sobre a escrita.

Mirta Castedo, pesquisadora argentina, em uma análise realizada com crianças que ainda não sabiam ler convencionalmente, propôs que lessem a partir de certas condições: oferecia a elas os contextos verbal e material para anteciparem o que podia estar escrito e verificarem, confirmando ou não.

O **contexto verbal** implica dizer o que está escrito para a criança estabelecer relações entre a **pauta sonora** e **escrita**.

Já o contexto material implica oferecer textos nos suportes que costumam circular socialmente, tais como notícias em jornais, verbetes em enciclopédias, contos em livros literários, entre outros, para que o próprio material forneça informações a respeito do que pode estar escrito.

Para realizar **situações de leitura** para crianças de 4 anos, podemos pensar em dois tipos: **qual é qual** e **onde está escrito**.

A situação "qual é qual" implica dar uma lista de palavras/frases, dizer o que está escrito, sem apontar nem ler na ordem em que se encontram as palavras, e perguntar qual é qual.

A situação "onde está escrito" implicar dar uma lista pequena de palavras em que as crianças saibam do que se trata, por exemplo, nomes de árvores, e pedir para localizar onde está escrito uma delas.

> Quando o professor oferece informações que ajudam a elaborar prognósticos possíveis sobre o sentido do texto, colabora com este processo: estas ajudas podem levá-los a averiguar onde está escrito algo, o que está escrito ou como está escrito. O professor ensina a apoiar-se em distintas fontes para fazer tais antecipações, ajuda a coordenar estas antecipações entre si e a confirmá-las ou rechaçá-las, às vezes decidindo entre várias possibilidades para encenar uma situação didática onde as antecipações, confirmações e rechaços fundamentem aquilo que se crê que está escrito. É necessário discutir com o texto, com os companheiros e também solicitar ao professor que leia para confirmar ou rechaçar as antecipações próprias ou de outros (CASTEDO; MOLINARI; SIRO, 1999, p. 75).

Para exemplificar uma possibilidade potente de leitura com os nomes das árvores, em uma situação de qual é qual, você pode apresentar o nome de outras árvores cujo nome começa por J:

> Aqui está escrito jatobá e jenipapeiro, qual é qual?

- JENIPAPEIRO
- JATOBÁ

> Por que você pensa que é essa? O que te fez pensar assim?

Essas palavras apresentam uma característica que facilmente pode ser considerada como um indício para as crianças: uma é maior que a outra. A quantidade de letras pode ser a justificativa para localizar cada palavra. Para as crianças mais avançadas no processo de apropriação do sistema de escrita, o fato de terminar com as vogais O e A pode ser outro indício de diferenciação, ou ainda as letras seguintes, A e E, para as que já compreendem que a escrita é um sistema de representação da fala.

Outra possibilidade é desafiar as crianças a buscarem onde está escrito, por exemplo, "jenipapeiro". Nessas situações, o professor não informa o que está escrito, apenas fala que são algumas plantas e pede para localizarem uma. Os indícios também podem variar nessas situações, desde recorrer à letra final, até a comparação entre a quantidade de letras, entre outros. Valorizar cada tentativa da criança em buscar a palavra é uma intervenção essencial, uma vez que não é problema errar. É preciso que ela justifique suas escolhas e, a partir daí, compreenda seu pensamento para conseguir ajustar as intervenções.

> Onde está escrito "Jenipapeiro"?

- JENIPAPEIRO
- JATOBÁ
- JEQUITIBÁ
- JACARANDÁ

> Por que você pensa que é essa? O que te fez pensar assim? ■

Páginas **20** e **21**

De acordo com Kaufman (1989), inúmeras contribuições do campo da psicolinguística conceberam o ato leitor como algo mais que um mero decifrar, isto é, a sonorização das letras. Esses trabalhos ressaltaram a importância daquilo que o leitor já possui: sua competência linguística e cognitiva, seu conhecimento do assunto e as estratégias que ele utiliza para conseguir compreender o texto, isto é, para construir seu sentido.

A leitura implica um processo ativo de construção de significados, um processo complexo de coordenação de informações de naturezas diferentes, no qual o texto, o leitor e o contexto contribuem para que a compreensão se realize (MOLINARI, 1991, [s.p.]).

Compreender a leitura como um processo de construção de sentidos justifica permitir que as crianças pequenas, mesmo não sabendo ler convencionalmente, possam participar de situações de leitura e colocar em jogo suas hipóteses a respeito do funcionamento do sistema de escrita.

Isso também deve acontecer em situações de escrita, em que as crianças são convidadas a escreverem nas mais diversas circunstâncias. Sabemos que as intervenções do professor potencializam a reflexão sobre a escrita e permitem que as crianças avancem em suas conceptualizações. O ajuste aos conhecimentos das crianças contribui fortemente, mas algumas delas podem comumente ser feitas com as crianças pequenas:

→ Valorizar as produções, dando confiança a elas para que não temam escrever;
→ Ajudar a recuperar o que estão escrevendo;
→ Propor que ampliem o repertório de letras;
→ Propiciar a diferenciação entre as escritas;
→ Favorecer a reflexão do valor sonoro convencional, para o caso de crianças que começaram a fonetizar e a compreender que a escrita representa a fala;
→ Promover a reflexão sobre os aspectos quantitativos da escrita;

39

→ Solicitar a interpretação do escrito, apontando com o dedo as partes da escrita conforme a interpreta;

→ Pedir justificativas das escolhas feitas;
→ Oferecer palavras estáveis como apoio à reflexão em torno do que se quer escrever. ■

Páginas 22 e 23

Para dar continuidade ao processo de pesquisa em torno do que as crianças buscam saber sobre as plantas, pode ser necessário procurar informações em outras fontes. Exemplo disso seria o contato com livros expositivos, que trazem informações a respeito de determinados assuntos e contribuem para a alfabetização, uma vez que podem não só se aproximar das características dos gêneros que têm como função informar, como os verbetes de enciclopédia e os de curiosidades, mas também permitir que as crianças se deparem com desafios de leitura diante dos livros.

Observar o sumário ou o índice presentes nestas obras, bem como são organizados, em ordem alfabética, por temas ou uma classificação que atende ao conteúdo abordado; e observar como o conteúdo é informado por meio de uma diversidade de gêneros, tais como verbetes, fichas técnicas, ilustrações, legendas para fotos, diagramas, entre outros, são algumas possibilidades de trabalho.

Uma atividade interessante é oferecer diversos **livros** para uma **leitura exploratória**.

O propósito é que as crianças selecionem e separem os títulos que podem contribuir para a pesquisa realizada. É possível utilizar apenas livros

40

expositivos, e o desafio se encontra em escolher aqueles que podem trazer informações sobre as plantas; ou também aqueles literários para que elas perceberam que histórias sobre as plantas ou que as tenham no cenário não trazem informações que possam ser utilizadas em pesquisas.

Outros desafios podem ser incorporados a depender do acervo selecionado para a leitura exploratória. É possível escolher livros em que o único conteúdo tratado seja as plantas; outros que apresentem uma diversidade de assuntos, inclusive os relacionados às plantas; e capas de livros em que seja possível antecipar prontamente que se trata de uma obra que contém as informações que procuram, e outras que necessitam da leitura para comprovar essa hipótese.

A professora desenvolve diversas intervenções para ajudar a ler e acompanhar as explorações, de tal forma que possam avançar além do que conseguiriam por si só: propõe claramente aos alunos o propósito da tarefa e o mantém ao longo do seu desenvolvimento; também orienta as crianças acerca de como se organizar para desenvolver a atividade, coisa que não é óbvia para eles. (...)

A professora lê para ajudar a selecionar o material. Quando alguma criança traz um texto com a informação buscada ou que ele acredita existir, a professora lê em voz alta algumas passagens para confirmar ou não a sua presença. (...)

É importante observar que a todo momento a professora mostra e assinala o lugar que está lendo, uma intervenção importante para que as crianças possam construir relações entre o que se diz e o que está escrito. Em tais circunstâncias, às vezes, também explicita o sentido de certos índices que qualquer leitor sabe usar, por exemplo, quando assinala que está lendo um título ou um subtítulo. (MOLINARI; CASTEDO, 2008, p. 87-88).

Páginas 24 e 25

PAINEIRA
CEIBA SPECIOSA

A PAINEIRA ESTÁ PRESENTE NO SUDESTE, NO CENTRO-OESTE E NA BAHIA. ELA PODE TER ATÉ 30 METROS, E SEU TRONCO TEM UMA CASCA RUGOSA, COBERTA DE ESPINHOS EM FORMA DE PIRÂMIDE. NAS REGIÕES MAIS SECAS, A BASE DO TRONCO SE ALARGA PARA ARMAZENAR ÁGUA, E POR ISSO ELA TAMBÉM GANHOU O NOME DE BARRIGUDA. A PAINEIRA É CHEIA DE FLORES GRANDES, GERALMENTE ROSAS OU LILASES, E PARECEM FEITAS DE VELUDO. OS FRUTOS, QUANDO ESTÃO MADUROS, SE ABREM, LIBERANDO AS SEMENTES ENVOLTAS NA PAINA, UMA FIBRA BRANCA E MACIA.

PAINEIRA É UM NOME QUE COMEÇA COM A **LETRA P**.
VEJA OUTRAS FORMAS DE ESCREVER A **LETRA P**:

QUARESMEIRA
TIBOUCHINA GRANULOSA

A QUARESMEIRA GANHOU ESSE NOME PORQUE FLORESCE NA ÉPOCA DA QUARESMA: ENTRE O CARNAVAL E A PÁSCOA. ELA É UMA ÁRVORE DA MATA ATLÂNTICA, QUE TEM ATÉ 12 METROS E PODE SER VISTA TAMBÉM NAS RUAS DAS CIDADES BRASILEIRAS. A QUARESMEIRA TEM BELAS FLORES QUE PODEM SER ROSADAS, LILASES OU ROXINHAS. É LINDO VER A QUARESMEIRA FLORIR NO MEIO DA MATA.

QUARESMEIRA É UM NOME QUE COMEÇA COM A **LETRA Q**.
VEJA OUTRAS FORMAS DE ESCREVER A **LETRA Q**:

Atualmente não é mais possível deixar de incorporar as tecnologias às práticas pedagógicas que fazem parte da sala de aula. Sabemos que as pesquisas são feitas, na grande parte das vezes, em sites de instituições governamentais ou centros de pesquisas que são referências sobre determinados conteúdos. Há uma diversidade de informações, nem todas confiáveis, por isso a necessidade de buscar em fontes fidedignas.

Mostrar a entrada por um grande site de busca como o Google, explicar que é necessário escrever uma palavra ou mais que se refere(m) ao que querem saber e fazer a busca é um dos procedimentos de um pesquisador.

Assim que aparecerem as possibilidades de **acesso**, mostrar que precisam clicar em um link e ver se **encontram** as **informações** necessárias.

Ao entrar em sites, incentive as crianças a explorarem as imagens e realizarem a leitura do texto ou de parte dele. Pode mostrar, por exemplo, que o texto é dividido por categorias, que o leitor as lê primeiro e se detém apenas nas que parecem ser mais pertinentes para buscar informações.

Se tiverem perguntas a serem respondidas, faça a leitura dos textos e explicite seus procedimentos, como a leitura do título, do subtítulo, das categorias, entre outros.

Algumas possibilidades de sites para conhecer com as crianças são:

>
> **Conheça as 18 árvores nativas brasileiras mais importantes (e incríveis!) – Viva decora PRO:** <bit.ly/2I5fCSD> (acesso em: 06 out. 2020).
> **Árvores brasileiras – Instituto Brasileiro de Florestas (IBF):** <bit.ly/34ysnN0> (acesso em: 06 out. 2020).

Páginas 26 e 27

42

Diante de todas as informações descobertas sobre as plantas, a partir das perguntas levantadas pelas crianças e outras que surgirem durante o andamento da pesquisa, o registro dessas novas descobertas é imprescindível. Além de guardar memória do estudo feito, é possível consultá-lo para organizar as informações a serem compartilhadas com a comunidade escolar.

Há várias formas de registrar:

- Os grifos podem ser um modo de selecionar informações e deixar, ao alcance de todo grupo, as ideias que foram marcadas por você;
- Uma lista de informações breves sobre as árvores;
- Pergunta e resposta a partir da pesquisa realizada;
- Ficha técnica com algumas informações que podem ser registradas por você.

> Os registros que ocorrem durante a realização de medida podem ser considerados como textos intermediários, que acompanham as situações de leitura e depois as produções. Os textos intermediários são aqueles que não serão publicados, mas ajudam a escrever. Podemos considerar que a tomada de notas é mais fácil quando o tema é conhecido; ou quando são feitas e recuperadas pelo mesmo autor.

Exemplo de ficha técnica:

Planta	Onde costumam ser encontradas	Tamanho	Características
Sumaúma	Amazônia	Até 60 metros	As sementes são envolvidas por uma fibra chamada paina.

Páginas **28** e **29**

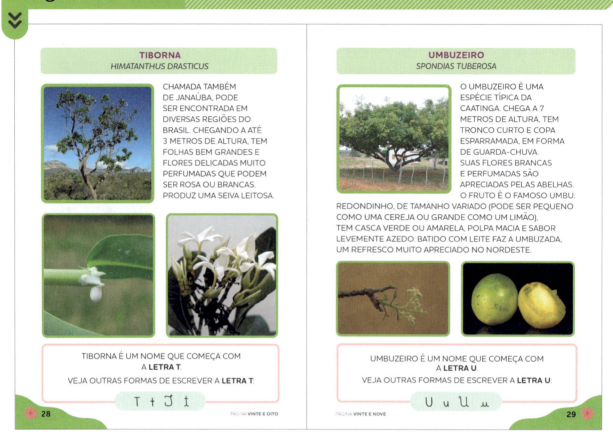

Realizar leituras de textos expositivos, que trazem informações a respeito de um determinado conteúdo, tem sentido quando a criança busca algo que tem interesse em saber mais. Isso também acontece com as situações de escrita, já que só é interessante para o aluno escrever acerca de suas descobertas e respostas **às** perguntas levantadas para alguém que vai realmente ler a sua produção.

Compartilhar as informações com a **comunidade** escolar, com as famílias ou com os colegas de outra turma da escola costuma ser uma **ótima situação** em que precisam considerar o **destinatário** a ser endereçado e fazer as adequações necessárias para o **interlocutor**.

As informações podem ser compartilhadas de maneiras muito distintas: em um mural, em formato de um livro, em folders, em cartazes e também em espaços virtuais, como blogs, redes sociais ou aplicativos.

Como, ao longo das leituras, as crianças aprenderam e descobriram certas curiosidades a respeito das plantas que se encontram na flora brasileira, pode ser interessante compartilhar com o público escolhido as informações em formato de verbetes de curiosidades, tipo "Você sabia?".

Para isso, é necessário ler alguns textos a fim de aproximar as crianças do gênero e dar condições para que pensem em como vão elaborar o que será escrito.

Algumas possibilidades de "Você sabia?" que podem ser lidas para as crianças:

 Você sabia que plantas, além de serem uma ótima decoração, também fazem bem à saúde? Disponível em: <https://bit.ly/3HOX5Eg>. Acesso em: 28 set. 2020.

> **Você sabia que a *Galinsoga Parviflora* é a menor flor do mundo?** Disponível em: <https://bit.ly/3GEMF8v>. Acesso em: 28 set. 2020.
>
> **Você sabia? As árvores podem se comunicar e cuidar uma das outras.** Disponível em: <https://bit.ly/3GGkGWa>. Acesso em: 28 set. 2020.

Para escrever, é necessário selecionar o quer compartilhar, retomar os registros feitos ao longo das leituras, a ficha técnica preenchida, os textos com os grifos e discutir quais dessas informações descobertas são mais interessantes de serem publicadas. Com as escolhas feitas, é necessário fazer um planejamento com os principais assuntos que serão tratados. Delia Lerner (2002) considera esse comportamento do escritor como um "conteúdo", e todas as situações de produção textual precisam considerar tais procedimentos, mesmo que elas aconteçam com crianças da Educação Infantil. Isso porque saber escrever significa pensar sobre o que vai escrever e a forma como vai escrever para atender aos propósitos comunicativos.

Para escrever o "Você sabia?" a partir do planejamento feito, as crianças exercem a função de ditante, ou seja, elaboram o texto que irão ditar ao professor. Este, por sua vez, exerce a função de escriba, aquele que fica responsável por grafar o texto de acordo com as convenções (ortografia, pontuação).

> Essa situação é uma ótima **oportunidade** de as crianças pensarem na melhor maneira de **organizar a linguagem escrita**, típica desse gênero, **articulando com as informações descobertas** para conseguir se **comunicar** com alguém.

Embora o professor tenha que escrever convencionalmente o que as crianças ditam, isso não significa que deve ir corrigindo o texto conforme vai escrevendo. O acordo sobre a forma de ser escrita determinada informação precisa ocorrer entre todos do grupo, e, depois disso, uma criança dita enquanto o professor escreve tal como é ditado, ou seja, com certas marcas de oralidade ou de imprecisão.

> É possível **problematizar**, **reler** para verificarem se está **adequado** ou precisa de **ajustes**, mas não necessariamente precisam alterar.

Depois de alguns dias do trabalho de escrita, volta-se à produção para revisá-la. Com o texto na lousa ou projetado, será realizada uma leitura para verificarem juntos se é necessário algum ajuste. Ao participarem de uma proposta de revisão, mesmo que consigam resolver poucos dos problemas em questão, é uma experiência rica em torno da linguagem escrita, pois trata-se de um comportamento escritor voltar ao texto para melhorá-lo ou ajustá-los aos propósitos comunicativos.

Com o(s) texto(s) produzido(s), é o momento de pensar na publicação, retomar os combinados e ajustar a edição a depender do suporte escolhido. Independente do produto final selecionado para esse momento, é importante que as crianças tenham acesso a ele para poderem observar suas características. A partir dessa observação e análise, é possível fazer escolhas. Ouvir o que elas querem e disponibilizar materiais para elas colocarem a mão na massa é imprescindível. ■

Páginas **30** e **31**

Para uma experiência ainda mais significativa em torno das situações em que se busca saber mais sobre as plantas, a ideia de fazer uma horta na escola permite às crianças:

- Conhecerem mais sobre os cuidados necessários para uma planta se desenvolver;
- Analisarem certas características observando as semelhanças e as diferenças entre as plantas da horta;
- Envolverem-se em um trabalho coletivo em que o produto resulta em algo que podem comer, levar para a casa e saborear com a família, ou ainda organizar um lanche na escola.

Os benefícios são inúmeros e afetam, sobretudo, a relação da criança com o meio em que vive, desenvolvendo uma atitude mais sustentável e consciente.

Não precisa de muito para fazer uma horta. Você pode dispor de canteiros com terra ou até potes e pequenos vasos para montá-la. A depender do espaço que possui, das características das plantas e dos propósitos da turma, selecione os alimentos ou os temperos que gostariam de plantar. No glossário há algumas possibilidades, inclusive com algumas informações que poderão nortear as escolhas.

Para ajudar na preparação, assista a alguns vídeos que orientem a forma de montar uma horta com as crianças. Elas também podem assistir e coparticipar das tomadas de decisão sobre como organizarão a horta.

Algumas sugestões:

"Como montar uma mini-horta com as crianças", do canal do Youtube *Vida no jardim*: <https://bit.ly/34L10Dd> (acesso em: 28 set. 2020).

"Especial Dia das Crianças: Plantar em potinhos de Danone", do canal do Youtube *Hortinha em casa*: <https://bit.ly/3LBEnlR> (acesso em: 28 set. 2020).

46

Videoclipe da música "Para germinar", do Palavra Cantada: <https://bit.ly/33fzLAo> (acesso em: 28 set. 2020).

Página 32

A partir do glossário, há possibilidades de relacionar as informações com cantigas, poemas e animações. Essas relações permitem maior envolvimento das crianças, pois elas podem cantar, dançar, brincar e mexer o corpo. É possível ainda estabelecer relações intertextuais comparando o que cada texto diz e se aproximando da função de cada gênero.

Seguem algumas opções para explorar com as crianças:

CENOURA

Eu sou um coelhinho
Cantiga Popular

De olhos vermelhos
De pelo branquinho
Eu pulo bem alto
Eu sou um coelhinho

Eu pulo pra frente
Eu pulo pra trás
Dou mil cambalhotas
Sou forte demais

Comi uma cenoura
Com casca e tudo
Tão grande ela era
Fiquei barrigudo

"**Cavando para cenouras**", episódio do programa *Daniel Tigre*: <https://bit.ly/3oE6Tt9> (acesso em: 28 set. 2020).

FEIJÃO

O feijão é consumido de maneira diversa em vários países do mundo. Enquanto, no Brasil, estamos acostumados à feijoada, ao feijão com arroz, ao tutu de feijão, ao caldinho de feijão, os ingleses costumam comer o feijão no café da manhã, com molho de tomate, ovos, cogumelos e vários tipos de linguiça. Os estadunidenses gostam de comer feijão com toucinho e melado. Os franceses preferem os feijões mais graúdos, brancos ou vermelhos, sem o caldo. Já os mexicanos gostam comê-lo frito, também sem o caldo, e com *chili*, uma pimenta bem picante e perfumada. Eles costumam colocar essa mistura em um rolinho de pão com outros ingredientes, como queijo, resultando no *burrito*, ou adicionar carne moída, uma mistura cremosa chamada *chili* com carne. No Japão, usam-se feijões miudinhos, denominados *azuki*, para fazer recheios de doce, como o *dorayaki*. Em vários países, é ainda comum colocar grãos de feijão, sem caldo, na salada. Em Cuba, o feijão é consumido salgado, com caldo e misturado ao arroz, como fazemos no Brasil.

"**O pé de feijão**", episódio da série *O diário de Mika*, realizada pelo SuperToons Estúdio de Animação: <bit.ly/3j9jPSS> (acesso em: 06 out. 2020).

TOMATEIRO

"**O tomate e o caqui**", música do Grupo Triii: <https://bit.ly/3Lpwi3p> (acesso em: 28 set. 2020).

Em 2011, Ano Internacional da Floresta, a Peirópolis lança o livro *Árvores do Brasil: cada poema no seu galho* (1993), mais um fruto da parceria entre o poeta Lalau e a ilustradora Laurabeatriz. A obra homenageia as principais maravilhas da flora brasileira com 15 espécies de árvores, três de cada bioma. Espécies como pau-brasil, araucária, jequitibá, ipê-do-cerrado, buriti, jatobá-do-cerrado, juazeiro, mulungu, umbuzeiro, ipê-roxo, jenipapo, pau-formiga, castanheira-do-pará, piquiá e mogno são temas dos poemas ilustrados.

Página 33

Na página 33 se inicia o bloco O lobo-guará e a lobeira no Cerrado brasileiro. Esta página foi organizada na forma de uma página de jornal para convidar as crianças a investigar informações sobre o Cerrado brasileiro, sua preservação e a importância que o lobo-guará e a lobeira representam no equilíbrio desse bioma.

Leia o texto inicial em voz alta e explore com as crianças as informações que ele apresenta:

→ Como será que o Cerrado pegou fogo?
→ Como será que as árvores e os animais, a flora e a fauna, vão sobreviver?

Explique para a turma **o que é flora** e **fauna** e converse sobre as **plantas** e os **animais** que conhecem.

Converse com as crianças sobre o lobo-guará e a lobeira e leia a pergunta: Você sabe por que eles têm nomes tão parecidos?

Pergunte se acham que o livro vai ajudá-las a saber essa resposta e **convide a turma a investigar** as próximas páginas.

Cada um de nós habita em algum lugar deste imenso país.

Caso você, professor, more e trabalhe em região do bioma Cerrado, poderá partir com seus alunos dos dados e propostas que aqui dispomos e extrapolar com próprios conhecimentos.

Mas, se você morar em outro lugar, poderá estudar o bioma Cerrado com as crianças e ampliar a proposta de pesquisa para o bioma do seu local de moradia e trabalho em Educação Infantil. É possível pesquisar dados tanto sobre o Cerrado como sobre outros biomas no site do Ministério do Meio Ambiente do Brasil: <www.mma.gov.br>.

Uma pesquisa sobre biomas é interdisciplinar e abrange todos os campos de experiências previstos na BNCC, criando contextos favoráveis a literacia e numeracia emergentes em crianças pequenas de 4 a 5 anos de idade, atendendo à Política Nacional de Alfabetização (PNA).

Páginas **34** e **35**

As páginas 34 e 35 trazem mais informações sobre a lobeira. Leia para as crianças o texto inicial da página 34. Converse sobre a árvore e consulte a página 20 com as crianças para saber mais sobre a lobeira. Leia o nome da árvore mais de uma vez e convide as crianças para um jogo de adivinhação, pois o nome do animal que gosta do fruto da lobeira se parece com LOBEIRA. Qual será?

A ideia é que as crianças, pela **sonoridade** da palavra, possam concluir que se trata de um lobo. Proponha que cada um faça o **desenho** da forma como **imagina** esse lobo.

Depois do desenho feito, convide as crianças a uma rodada de apreciação de suas produções e comente com a turma que o lobo-guará é um tipo de lobo, que vive no Cerrado do Brasil.

Pesquisar como se dá a passagem de flor a fruto favorece a compreensão de como é o processo de renovação e preservação da natureza. O primeiro passo é ler o texto em voz alta com as crianças na roda, cada uma delas com seu exemplar do Livro do Estudante em mãos. Em uma primeira leitura, aguarde os comentários e as perguntas dos alunos, e anote-as para retomar em outro momento. Ao longo do tempo, realize novas leituras, como a seleção de palavras desconhecidas retirados do Livro da Flora, que causarem curiosidade nas crianças para pesquisá-las no dicionário.

Comparações de tamanhos como 95 a 115 centímetros de altura podem ser investigadas em termos de maior ou menor, comparando-os com a altura das crianças ou a mesa da sala, e assim por diante. Para pensar junto, pergunte: 300 a 500 sementes são muitas ou poucas? Quantas lobeiras nasceriam de um único fruto se todas as semeadas brotassem?

49

Páginas **36** e **37**

A **grafia** das palavras está associada a **sons** emitidos pelo modo como as **pronunciamos**. Assim acontece com a extensão "**guará**" dessa espécie de lobo, ameaçada de extinção.

Muitas palavras em língua portuguesa têm origem nas línguas tupi. É o caso, por exemplo, de mandacaru, jatobá, jabuticaba e tantas outras. Se quiser pesquisar mais palavras com as crianças, o livro *Paca, tatu, cutia!: glossário ilustrado de Tupi* (2014), de Mouzar Benedito com ilustrações de Ohi, tem muitos verbetes para cada uma das letras do alfabeto.

Para escrever a palavra "lobo-guará" sobre a grama, na página 37, a criança lançará mão de tudo aquilo que já sabe sobre letras, sons e palavras. É possível que desenhem, que façam grafismos imitando letras, que use algumas letras de seu nome. Toda produção original da criança é bem-vinda e nos informa sobre suas hipóteses em relação à escrita que devemos acolher e interpretar.

A **semelhança** das palavras "lobo" e "lobeira" fornecem **indícios** para que a criança pequena escreva à sua maneira, mas não de forma aleatória.

A leitura conjunta que fazemos com as crianças repetidas vezes ao longo deste livro fornece preciosos indícios para que a criança, aos poucos, estabeleça novas relações até a compreensão do sistema alfabético que adotamos no Brasil.

Páginas 38 e 39

Por intermédio de um texto descritivo, podemos imaginar a lobeira e suas características, assim como o fruto suculento desta árvore. Além disso temos o apoio de imagens, de tal modo que, durante a leitura do texto em voz alta na roda, a criança, tendo o próprio Livro do Estudante em mãos, pode fazer relações entre texto e imagem que a levam aos sentidos do conteúdo das páginas.

Cada uma delas vai interpretá-los **à sua maneira**, por isso insistimos na necessidade de **registrar** sempre os comentários das crianças.

Leia para as crianças o texto inicial da página 38. Comente essa relação entre o lobo e a fruta da lobeira, convidando as crianças a desenhá-la.

Na proposta da página 39, você pode, por exemplo, ler os três nomes de frutos, avisando que o fará numa ordem diferente da que estão escritos na página, e propor que a turma descubra qual palavra é BERINJELA.

Você pode fazer algumas perguntas para apoiá-los nessa investigação:

- Com que letra começa BERINJELA?
- E como termina?

Não é esperado que as crianças acertem ou pintem só uma palavra. O objetivo desta atividade é que comecem a investigar as palavras e compartilhem entre si a ideia de que podem descobrir qual é alguma palavra, a partir da sua letra inicial.

Muito importante também é a conversa sobre experimentar novos alimentos e descobrir seus sabores, que pode ser proposta a partir desta atividade.

Páginas **40** e **41**

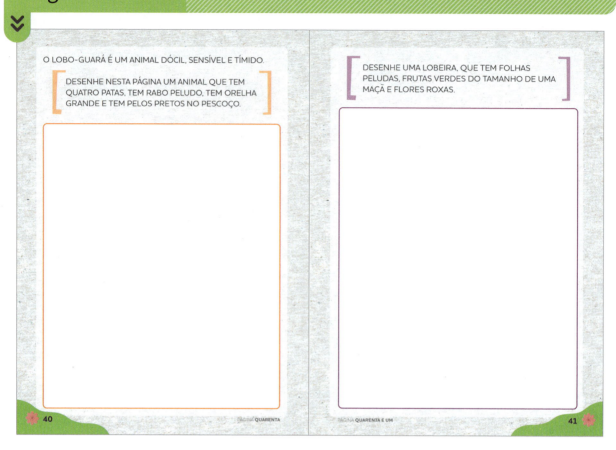

Nas páginas anteriores, o texto descreve a árvore, o fruto e explica o processo pelo qual as sementes da lobeira são espalhadas pelo Cerrado. Nas páginas 40 e 41, devemos assegurar a leitura em voz alta do texto, dos estudos ou dos esboços para a criança fazer um rascunho, em outra folha de papel, do que pretende desenhar em seu exemplar do Livro do Estudante e testar o material adequado para a proposta de desenho. Lápis muito duros que não produzem traço não servem para isso; devemos sempre escolher os macios. Com estes, a depender da força da mão sobre o papel, a criança obtém diversas gradações de cores.

Se estivermos trabalhando só com as **primárias**, o roxo, por exemplo, é obtido por meio da **mistura** de magenta com azul ciano, e o verde, da mistura de azul com amarelo.

Sem ter um domínio das formas, a criança pequena expressará o que sabe e o que sente a partir das informações que obtém em seu próprio livro, desde que forneçamos a cada uma delas um material adequado para a gramatura do papel do livro. Canetas, aquarela ou tintas precisarão ser usadas em outros suportes. Aqui o melhor é usar giz de cera ou lápis de cor com ponta macia. ■

Páginas **42** e **43**

Como vimos, a criança tem mais de uma oportunidade de desenhar os mesmos objetos que ela observa ao longo deste projeto. Assim, contando com a sua percepção das informações recebidas, seu desenho vai evoluindo e tornando-se a cada vez mais completo e expressivo.

Para desenhar sobre uma fotografia, as **canetas hidrográficas** de uso escolar são, no caso deste material, mais indicadas.

O Cerrado é o mais antigo dos biomas brasileiros. Enquanto a Amazônia tem 3.000 anos e a Mata Atlântica tem 7.000, desde a sua formação geológica e biológica, o Cerrado tem 40 milhões de anos.

Antes de sofrer devastação, ele foi o maior viveiro de espécies florais do planeta Terra. Um buriti no Cerrado com 25 ou 30 metros de altura pode ter a idade do Brasil: 500 anos!

A partir da **observação** das pinturas na pedra e da leitura do texto com as crianças pequenas na roda, algumas **relações lógicas** podem ser estabelecidas.

Se o lobo-guará está representado na parede de pedra em Barão de Cocais, e se sabemos a datação aproximada dessas pinturas, podemos inferir que há pelo menos 6.000 anos o lobo-guará circulava pelas redondezas. E, se havia lobo e ele precisava de alimento para viver, é bem possível que a lobeira já existisse também.

Página 44

PODEMOS FAZER TINTAS NATURAIS COM TERRAS PENEIRADAS DE DIVERSAS CORES. TAMBÉM PODEMOS FAZER TINTAS NATURAIS COM SEMENTES, COMO A DO URUCUM. E TAMBÉM PODEMOS OBTER TINTA NATURAL COZINHANDO VEGETAIS, COMO A BETERRABA.

ARTE DA TERRA, DE JHON BERMOND.

NO BIOMA CERRADO EXISTEM TERRAS, SEMENTES E VEGETAIS QUE PODEM SERVIR PARA FAZER TINTAS NATURAIS.

Os povos originários do Brasil – as diversas etnias indígenas –, apesar de toda adversidade, seguem mantendo tradições de pintura corporal com pigmentos naturais, como urucum e jenipapo.

Os **povos africanos** escravizados trouxeram ao Brasil suas **tradições milenares**, entre elas a estampa em tecidos com **matéria-prima natural**.

No site da Embrapa (Empresa Brasileira de Pesquisa Agropecuária), do Ministério da Agricultura, Pecuária e Abastecimento, encontramos os seguintes dados sobre a ocupação do Cerrado brasileiro:

> O homem ocupa o Cerrado há mais de 11 mil anos. Os povos tradicionais do Cerrado são constituídos por uma variedade considerável de grupos com diferentes referências culturais. Atualmente, a área coberta por esse bioma abriga 95 territórios indígenas, 44 territórios quilombolas e 13 tipos de comunidades tradicionais não indígenas, que fornecem um testemunho vivo da rica tradição de convivência humana com a natureza. Juntos eles compõem os **Povos do Cerrado** que sabem cuidar e usar os recursos naturais de forma sustentável.
>
> **Povos e Comunidades Tradicionais** são grupos culturalmente diferenciados que possuem formas próprias de organização social, ocupam e usam territórios e recursos naturais como condição para sua reprodução cultural, social, religiosa, ancestral e econômica, utilizando conhecimentos, inovações e práticas gerados e transmitidos pela tradição.
>
> **As comunidades indígenas** estão aqui desde antes da vinda dos colonizadores. **Os quilombolas** são os descendentes dos negros que viveram nos Quilombos fundados por afrodescendentes que fugiam de seus "senhores" na triste época da escravidão... E até os dias atuais algumas destas comunidades ainda permanecem nestes locais preservando sua identidade cultural.
>
> Algumas das comunidades tradicionais são mestiças e têm relação com o ambiente onde vivem. São eles: os geraizeiros (norte de Minas Gerais), geraizenses (Gerais de Balsas, no Maranhão), as quebradeiras de coco babaçu (Zonas dos Cocais), os veredeiros (norte de Minas Gerais), varjeiros e ribeirinhos (ao longo dos rios São Francisco, Grande e Paraná), entre outros" (BRASIL, [s.d.]).

Aprendendo com as tradições de cada um destes povos e daquelas que resultam do convívio entre seus membros, podemos aprender e pesquisar com as crianças músicas, danças, comidas, cultura de subsistência com agricultura sustentável, pinturas corporais e de tecidos, modos de construir as casas e de captar água etc.

> **Ouvindo** e **contando** suas histórias, transmitimos o recado de **geração** a **geração**, preservando, assim, cultura e meio ambiente.

Páginas **45** e **46**

Chegou o momento de realizar pinturas com pigmentos naturais. Como lemos no texto com as crianças, toda tinta é composta de três ingredientes essenciais para uso e durabilidade:

→ um pigmento retirado da terra, de pedras ou de vegetais que podem ser cozidos triturados, peneirados ou coados;
→ um veículo que dará consistência à tinta, como água ou óleo;
→ uma substância conservante que dará durabilidade à tinta.

A mistura resultante pode durar **milhares de anos**, como a do lobo-guará nas pedras expostas em Barão de Cocais.

O pintor brasileiro Alfredo Volpi (1896-1988), nascido em Lucca, na Itália, utilizava têmpera para pintar. Usada em afrescos como os de Giotto di Bondone (1267-1337) que perduram na Itália até os dias de hoje, a têmpera é uma tinta obtida a partir da mistura de gema de ovo, da qual se extrai a película que a envolve, um pigmento e óleo de cravo, um poderoso conservante. Volpi viajava pelo interior de São Paulo coletando terras, depois as peneirava e colocava em vidros na estante, conforme as gradações de cores do amarelo ao marrom-escuro, quase azulado. O pigmento azul é o mais raro de ser encontrado na natureza, sendo que artistas como o pintor holandês Johannes Vermeer (1632-1675) usavam lápis-lazúli, uma pedra preciosa muito cara desde aquela época, reduzida a pó como pigmento para fazer tinta.

A **experiência** de **pesquisar**, **realizar** e reescrever receitas com as crianças será uma fonte segura de **interação** e **descoberta**.

Páginas **47** e **48**

O conceito de **ecossistema** é complexo para a criança dessa idade, assim como para cada um de nós leigos no assunto. Porém, é este o grande guarda-chuva que abrange o projeto.

Ecologia é a ciência que pesquisa o envolvimento e as inter-relações entre seres vivos, incluindo nós, seres humanos, e o meio físico e social onde habitamos. Um ecossistema é uma unidade básica de estudo, como uma floresta ou um bioma. Cada um tem aspectos diversos, plantas, animais e mananciais de água que precisam ser mantidos em equilíbrio para que todos possamos sobreviver, assim como as gerações futuras, nossos filhos e netos, e seus descendentes.

O Cerrado é o coração do sistema fluvial brasileiro. Ali nasce o rio São Francisco, assim como os afluentes que o alimentam pela margem esquerda. A água da chuva é absorvida pela vegetação nativa, com raízes dentro da terra. Como uma verdadeira floresta invertida, as raízes alimentam os lençóis de água que afloram para formar as nascentes.

A ocupação do Cerrado pelo homem para o plantio de grandes áreas de monocultura, como soja para exportação, com uso de fertilizantes, extermínio de insetos polinizadores como as abelhas e o plantio de eucalipto para carvão, contribui para o desaparecimento do bioma de milhões de anos e do sistema subterrâneo que alimenta os aquíferos.

Para que as crianças possam participar desde pequenas de uma visão ecológica do ambiente onde vivem, é importante saber se localizar de formas cada vez mais abrangentes, ao longo da vida, e estas relações inclusivas – o bioma Cerrado fica no Brasil, o Brasil fica no planeta Terra, que é onde vivemos, assim como o lobo-guará e a lobeira, a Terra faz parte do Sistema Solar etc. – são instigantes para o seu pensamento.

Com seu desenho, a criança vai expressar o que já sabe. ■

Página 49

Página 50

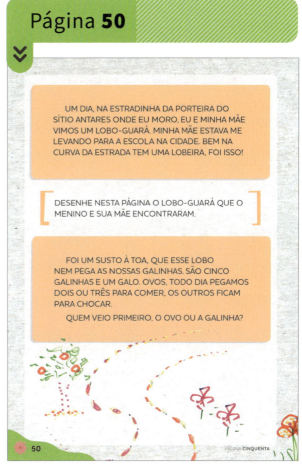

Fazemos aqui a passagem para uma história que se passa, como bem diz o título, no sítio Antares, localizado na Serra das Cabras, próximo à cidade de Campinas, estado de São Paulo, como parte remanescente do Cerrado brasileiro nesta região.

A leitura em voz alta da história na roda, com as crianças, portando seu próprio exemplar do Livro do Estudante, e as conversas registradas por você, professor(a), podem resultar em outras histórias, ou casos, da região onde moram e trabalham.

Escritas em conjunto com as crianças, essas histórias farão a passagem entre oralidade e escrita – esta sempre em letra maiúscula, ou "letra de forma" –, ganharão título e ilustrações na forma de um livro compartilhado com a comunidade da escola e de seu entorno. Poderá conter, também, as brincadeiras dos avós, as tradições culinárias das famílias, as receitas de tintas naturais, letras de música, construindo, assim, um bem inestimável para as práticas de literacia familiar.

Com suas curvas e retas, trechos de uma estrada podem se assemelhar a letras, como é o caso desta estrada em S.

> Com a atividade de **ligar pontos** para delinear um desenho, a criança pequena pode **vivenciar** esta semelhança de **formas**.

Partir de pontos, bolinhas ou manchas no papel pode ser um bom início para o seu próprio processo de criação, por sugerir imagens que antes não existiam e que independem de uma intenção. Nós, adultos, queremos assegurar uma forma conhecida, mas as crianças pequenas de 4 a 5 anos de idade se lançam inteiras na experiência estética mobilizada pela sua percepção e afeto.

Perguntas sem resposta, como "Quem vem primeiro, o ovo ou a galinha?", suscitam a imaginação das crianças, enquanto a contagem de galos e galinhas, além dos pintinhos quando nascerem de ovos postos e chocados, abre espaço para o trabalho com a numeracia emergente das crianças desta idade.

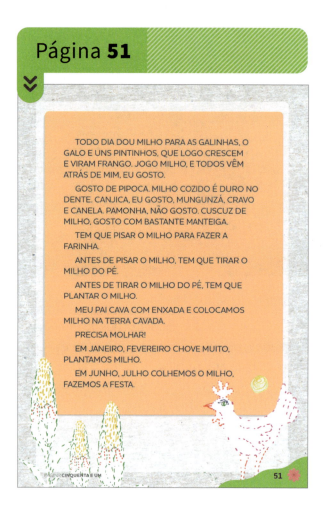

Página 51

Esse texto diz respeito a tradições ligadas ao plantio e à colheita do milho, como as festas juninas em várias regiões do Brasil. Alimentos a partir do milho fazem parte da culinária brasileira, recebendo nomes diversos em cada região, por exemplo canjica e mungunzá, palavras que podem ser extraídas da cultura oral e escritas com as crianças em forma de lista ou dicionário, a compor o acervo da turma, compartilhado também com as famílias.

Temos aqui um manancial de canções a compor um repertório a ser cantado, memorizado e reescrito com as crianças, como esta referência do compositor Luiz Gonzaga (1912-1989), nascido na cidade de Exu, Pernambuco:

PENERÔ XERÉM
Luiz Gonzaga

[...] Na minha terra
Dá de tudo que plantar
O Brasil dá tanta coisa
Que eu num posso decorar
Dona Chiquinha
Bote o milho pra pilar
Pro angu, pra canjiquinha
Pro xerém, pro munguzá [...]

58

- De onde vem a água?
- Quantos irmãos e irmãs vocês têm?
- Quem é o mais velho?
- Como se escrevem seus nomes?
- Quais as datas de aniversário?
- Como funciona uma bomba d'água?
- Por que fica protegida em uma casa de alvenaria?

Estas são algumas das questões que o texto comporta.

Em algumas casas, a água encanada sai das torneiras, em outras é preciso buscá-la em poços ou cacimbas, ou diretamente de regatos, como em nossa história. O texto tem três referências literárias: a primeira estrofe do poema para crianças em livro homônimo escrito pelo poeta e diplomata brasileiro Vinicius de Moraes (1913-1980):

A ARCA DE NOÉ

Sete em cores, de repente

O arco-íris se desata

Na água límpida e contente

Do ribeirinho da mata. [...]

E a referência da canção "Se acaso você chegasse", do compositor gaúcho Lupicínio Rodrigues (1914-1974):

[...] Eu falo porque essa dona

Já mora no meu barraco

À beira de um regato

E de um bosque em flor [...]

Esta canção, por sua vez, bebe nas águas do poeta maranhense Gonçalves Dias (1823-1864):

NÃO ME DEIXES

Debruçada nas águas dum regato

A flor dizia em vão

À corrente, onde bela se mirava:

"Ai, não me deixes, não! [...]

Em reuniões formativas, para estudo, planejamento e avaliação de atividades a serem realizadas com os alunos, cada um de vocês, educadores, poderão se valer de repertório pessoal a ser compartilhado e adequado ao trabalho com crianças pequenas.

Página 53

Temos aqui a possibilidade de realizar contagem do número total de corujas, da escrita de nomes próprios, de acordo com orientações e propostas da Unidade 2 – Eu e Você, e de olhar para as estrelas em nosso Sistema Solar na Via Láctea, que você vai encontrar na Unidade 4 deste volume.

O texto sugere oportunidades de trabalhar com **onomatopeias**, como GRRRRR, e **interjeições**, como AH!, que possibilitam a transição flutuante entre como se fala e como se escreve, ou seja, entre **oralidade** e **escrita**.

Desse modo colocamos em contexto literário conteúdos de numeracia, literacia e de conhecimentos sobre o mundo físico e social onde vivemos.

Converse com as crianças sobre a quantidade de filhotes da coruja: se havia seis corujinhas no ninho e uma caiu, ao devolvê-la, ficaram sete. Incentive as crianças a contar a quantidade de filhotes de coruja e a completar a quantidade até sete. É provável que as crianças não desenhem exatamente sete corujas, isso é esperado. Não é o caso de corrigi-las, mas de criar diversas situações para que elas tenham a oportunidade de contar, comparar quantidades e, assim, regular suas ações.

Para saber mais sobre procedimentos de contagem, leia o artigo "As crianças e o conhecimento matemático: experiências de exploração e ampliação de conceitos e relações matemáticas", disponível no material complementar ao Manual do Professor em PDF. ■

Página 54

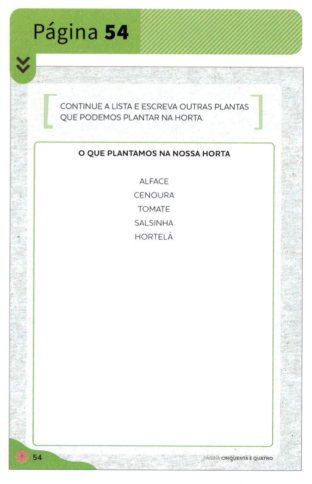

Construir listas com a turma de 4 anos é uma prática importante. As crianças põem em jogo seus conhecimentos do campo semântico, e você pode ajudá-las nessa tarefa com perguntas como:

- Que palavras podemos escrever nessa lista?
- O que mais pode ser plantado em uma horta?

Ao mesmo tempo, as crianças também põem em jogo seus conhecimentos sobre a escrita, utilizando, ao escrever, os elementos desse sistema de que já se apropriaram.

Nesse sentido, trata-se de uma ótima atividade para conhecer as conceitualizações de cada criança da sua turma sobre a escrita:

- Imita o traçado da escrita?
- Utiliza grafismos que reproduzem características das letras?
- Usa algumas letras (como as letras do seu nome) para escrever as palavras?
- Ocupa, para cada palavra, todo o espaço de uma linha?
- Apresenta na escrita de cada palavra algumas letras que se relacionam com sua pauta sonora? etc.

Trata-se de uma brincadeira de **faz de conta**, antes de tudo. É importante que as crianças de 4 anos **brinquem de escrever**, pois brincar é a forma com a qual as crianças se **apropriam** do mundo. ■

Página **55**

GLOSSÁRIO

ALFACE: É UM VEGETAL QUE FAZ PARTE DE NOSSA ALIMENTAÇÃO HÁ MUITOS ANOS. EXISTEM VÁRIOS TIPOS DE ALFACES: LISA, CRESPA, DURINHA OU MAIS MOLINHA. MUITAS SÃO VERDES, MAS TAMBÉM PODEM SER ROXAS OU AMARELADAS.

CENOURA: A CENOURA É UMA HORTALIÇA CUJA PARTE COMESTÍVEL É A SUA RAIZ TUBEROSA, NA FORMA DE UM CILINDRO, CASCA LISA E CORES VARIADAS. ALARANJADA, PODE TAMBÉM SER BRANCA, AMARELA, VERMELHA OU ROXA.

FEIJÃO: É A SEMENTE QUE NASCE DENTRO DA VAGEM, O FRUTO DO PÉ DE FEIJÃO, E PERTENCE AO GRUPO DAS LEGUMINOSAS. NO BRASIL, OS FEIJÕES MAIS CONHECIDOS SÃO: CARIOQUINHA, PRETO, VERMELHO, BRANCO, RAJADINHO, FRADINHO, MANTEIGUINHA, DE CORDA.

SALSINHA: A SALSA OU SALSINHA É UMA HORTALIÇA QUE PODE CRESCER ATÉ 50 CENTÍMETROS. TEM O CAULE FININHO COM FOLHAS EM FORMA DE TRIÂNGULO, DE COR VERDE ESCURA. É USADA EM SALADAS OU PARA TEMPERAR ALIMENTOS.

TOMATE: É UMA FRUTA REDONDA, COM A CASCA FININHA E MUITAS PEQUENAS SEMENTES. O TOMATE É PRIMEIRO VERDE E SE TORNA VERMELHO QUANDO ESTÁ MADURO. ESTÁ PRESENTE NA ALIMENTAÇÃO COMO SALADA, EM MOLHOS, SOPAS E SUCOS.

PÁGINA **CINQUENTA E CINCO** 55

Nesta unidade, as crianças são apresentadas ao sítio Antares e a cenas típicas da vida num meio rural, como o cuidado dos animais de criação, a presença ocasional de animais silvestres e a prática de plantar alimentos na horta. Nas páginas anteriores, há uma orientação para fazer horta com a turma. E, na página 54, as crianças foram convidadas a continuar uma lista de alimentos da horta.

Este **glossário** dialoga com essas **propostas**, trazendo mais **informações** sobre alface, cenoura, salsinha, feijão e tomate.

É interessante ler esses verbetes com as crianças, conversando acerca do que puderam aprender sobre cada alimento. E, ao compartilhar entre todos as listas ampliadas na página 54, pode-se convidar as crianças a construir novos verbetes coletivamente para os alimentos que incluíram na lista. ■

UNIDADE 1 · **CONCLUSÃO**

Todo esse processo percorrido com as crianças permitirá muitos avanços nas aprendizagens relacionadas à literacia e à numeracia como forma de compreender melhor o mundo natural, por meio de um estudo da flora brasileira.

Um olhar mais próximo sobre o Cerrado no projeto de pesquisa nos permite comparar nosso local de moradia em outros biomas e buscar referências diferentes com as crianças, ampliando e diversificando o campo de pesquisa

> A leitura em voz alta de uma história, como **No sítio Antares**, nos permite compreender as palavras em um **contexto literário**, criando assim um repertório significativo de **letras, sons** e **sentidos das palavras**, no recado transmitido pela literatura.

Vale salientar que a avaliação na Educação Infantil está pautada na observação atenta do professor sobre as ações das crianças e os seus comentários a respeito da temática discutida, a fim de analisar os avanços obtidos em sua aprendizagem.

Alguns critérios podem nortear essa observação:

- o envolvimento da criança durante o processo de leitura e pesquisa em torno da temática desenvolvida;
- os conhecimentos acerca das plantas – nome, características, local em que vivem etc;
- a ampliação de repertório em torno das palavras e expressões utilizadas nos verbetes em torno do tema;
- a postura ativa das crianças nos momentos de leitura e escrita, de acordo com suas hipóteses, sobre as informações a respeito das plantas;
- a diferenciação de livros literários de livros expositivos e suas funções;
- a exploração e a análise das plantas e suas partes;
- a forma de expressar as descobertas feitas por meio do desenho, da oralidade e da escrita.

A partir do rumo que a pesquisa tomar com sua turma, considerando o interesse e as perguntas feitas pelas crianças sobre as plantas, outros critérios de avaliação poderão ser incluídos. ■

UNIDADE 2 · **INTRODUÇÃO**

Páginas **56** e **57**

A Unidade 2 – Eu e Você propõe às crianças percursos de investigação em torno de temas que envolvem conhecer a si mesmo e ao outro.

A escrita do nome próprio, a identificação do nome dos colegas, as parlendas e canções que incluem o nome de cada criança, as preferências nas cantigas e nos personagens de contos são convites à exploração da criança.

> Nesse contexto de **investigação da escrita** e dos textos impressos, as crianças podem **reconhecer** palavras familiares, **ampliar** o vocabulário, **apropriar-se** da estrutura da língua e **desenvolver** a consciência fonológica e o raciocínio verbal (PNA, 2019).

No âmbito da numeracia, a proposta do álbum de figurinhas cria um contexto de fundamental importância para ler e ordenar números, contribuindo para o desenvolvimento do raciocínio lógico-matemático (PNA, 2019).

A experiência de se fazer uma massinha ou meleca e de observar as transformações que a própria ação produz nos materiais também é um convite feito aqui.

Todas essas propostas convidam as crianças a se posicionar, fazer escolhas, dizer de si. Permitem que essa ação autoral da criança alimente percursos de investigação sobre a escrita, sobre estratégias de leitura, sobre personagens literários, cantigas e parlendas da tradição oral, sobre o sistema de numeração decimal e o contexto das medidas (PNA, 2019).

A natureza dessas ações reafirma os direitos de aprendizagem "**Conviver**", "**Brincar**", "**Participar**", "**Explorar**", "**Expressar**" e "**Conhecer-se**", presentes na Base Nacional Comum Curricular – BNCC (2018, p. 38), e entrelaça os seguintes Campos de Experiências:

- O eu, o outro e nós;
- Corpo, gestos e movimentos;
- Traços, sons, cores e formas;
- Escuta, fala, pensamento e imaginação;
- Espaços, tempos, quantidades, relações e transformações.

OBJETIVOS PEDAGÓGICOS

- Agir de maneira independente, com confiança em suas capacidades, reconhecendo suas conquistas e limitações (**BNCC: EI03EO02**).
- Ampliar as relações interpessoais, desenvolvendo atitudes de participação e cooperação (**BNCC: EI03EO03**).
- Comunicar suas ideias e sentimentos a pessoas e grupos diversos (**BNCC: EI03EO04**).
- Manifestar interesse e respeito por diferentes culturas e modos de vida (**BNCC: EI03EO06**).
- Demonstrar controle e adequação do uso de seu corpo em brincadeiras e jogos, escuta e reconto de histórias, atividades artísticas, entre outras possibilidades (**BNCC: EI03CG02**).
- Utilizar sons produzidos por materiais, objetos e instrumentos musicais durante brincadeiras de faz de conta, encenações, criações musicais, festas (**BNCC: EI03TS01**).
- Expressar-se livremente por meio de desenho, pintura, colagem, dobradura e escultura, criando produções bidimensionais e tridimensionais (**BNCC: EI03TS02**).
- Reconhecer as qualidades do som (intensidade, duração, altura e timbre), utilizando-as em suas produções sonoras e ao ouvir músicas e sons (**BNCC: EI03TS03**).
- Expressar ideias, desejos e sentimentos sobre suas vivências, por meio da linguagem oral e escrita (escrita espontânea), de fotos, desenhos e outras formas de expressão (**BNCC: EI03EF01**).
- Inventar brincadeiras cantadas, poemas e canções, criando rimas, aliterações e ritmos (**BNCC: EI03EF02**).
- Escolher e folhear livros, procurando orientar-se por temas e ilustrações e tentando identificar palavras conhecidas (**BNCC: EI03EF03**).
- Recontar histórias ouvidas e planejar coletivamente roteiros de vídeos e de encenações, definindo os contextos, os personagens, a estrutura da história (**BNCC: EI03EF04**).
- Levantar hipóteses em relação à linguagem escrita, realizando registros de palavras e textos, por meio de escrita espontânea (**BNCC: EI03EF09**).
- Registrar observações, manipulações e medidas, usando múltiplas linguagens (desenho, registro por números ou escrita espontânea), em diferentes suportes (**BNCC: EI03ET04**).
- Relacionar números às suas respectivas quantidades e identificar o antes, o depois e o entre em uma sequência (**BNCC: EI03ET07**). ∎

UNIDADE 3 · PÁGINA A PÁGINA

Páginas **58** e **59**

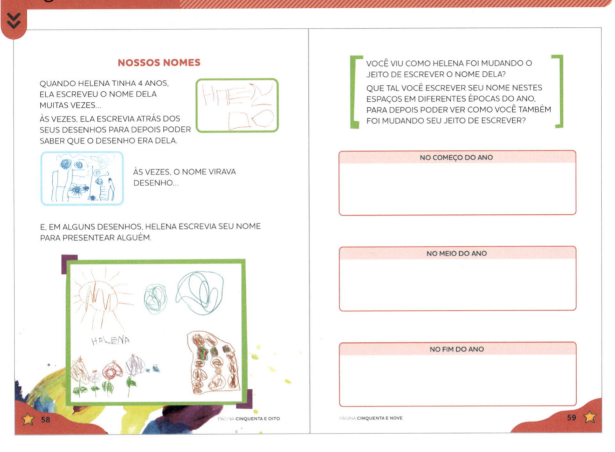

O texto primordial é o nome próprio. O primeiro texto que uma criança quer reconhecer (ler) e escrever é seu próprio nome (CURTO; MORILLO; TEIXIDÓ, 2000, p. 133).

Como bem apontam os autores da citação anterior, o nome próprio, para cada criança, é seu texto primordial. Por um lado, isso se deve ao caráter afetivo do nome como marca da identidade de uma criança, do seu estar no mundo. Por outro lado, o nome próprio também é primordial pela gama de descobertas permitida por meio da leitura e da escrita:

→ Diferenciar escrita e desenho;
→ Diferenciar letras de números e outros grafismos;
→ Explicitar a orientação esquerda-direita da escrita e da leitura;
→ Explicitar que uma mesma escrita – as letras colocadas na mesma ordem – informa sempre a mesma coisa: o nome daquela criança;
→ Construir um primeiro repertório de letras e algumas associações da escrita com sua sonoridade.

Por isso, é importante que as crianças tenham fontes de informação sobre a escrita de seu nome, como os cartões de nome e a lista de crianças da turma. Alguns cuidados na construção desses materiais ajudam as crianças a se apropriar da escrita do próprio nome e do de alguns colegas da sala e a tomá-los como palavras estáveis, alimentando, assim, o percurso de alfabetização de cada uma.

65

> Os **cartões** de nomes das crianças da turma precisam garantir certas características que **colaborem** para sua **apropriação** e seu uso como **objeto de reflexão**.

Nesse sentido, é interessante que eles sejam confeccionados pelo professor com papel cartão de uma mesma cor e do mesmo tamanho, com texto alinhado à esquerda para favorecer comparações entre qual cartão tem mais e qual tem menos letras.

Nas páginas 58 e 59 do Livro do Estudante, propomos às crianças a apreciação de diferentes escritas que Helena fez aos 4 anos de idade:

- Na primeira imagem, sem controlar ainda a ordem das letras e inserindo duas que não fazem parte da escrita do seu nome;
- Na segunda, com maior controle da ordem e com desenhos em torno das letras;
- Na última, controlando a ordem e as letras de seu nome.

É interessante propor uma roda de conversa com as crianças, convidando-as a essa apreciação. Você pode perguntar o que elas percebem de parecido e de diferente nas três escritas e ir comentando como a Helena foi mudando a escrita de seu nome ao longo dos 4 anos.

Nessas páginas também há espaços reservados para três registros do nome de cada criança ao longo do ano. Sugerimos propor essa atividade no início do ano letivo, no meio e no último mês de aula. Com isso, você vai construir uma documentação pedagógica do processo de aprendizagem de cada criança, tornando visível a ela o quanto aprendeu. ■

Páginas **60** e **61**

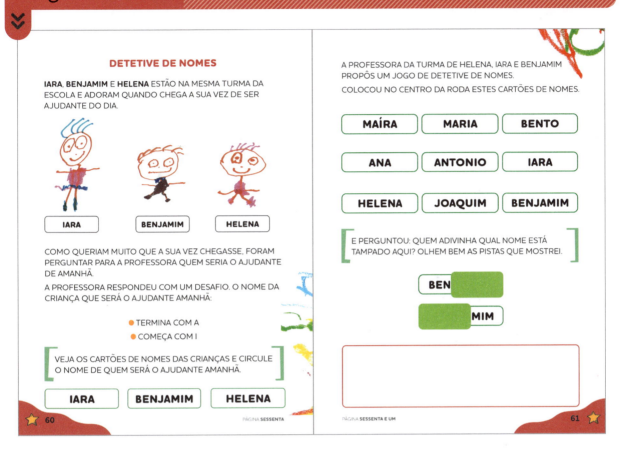

Quando as crianças são convidadas cotidianamente a participar de situações de leitura e escrita de nomes, mesmo que o façam de forma não convencional, elas começam a perceber algumas regularidades, como a repetição de letras, a ordem e as consoantes e vogais comuns entre um nome e outro, tendo, assim, elementos para fazer suas primeiras antecipações sobre o que está escrito.

Dessa forma, é possível criar atividades habituais que convidem as crianças a investigar a lista de nomes da turma, transformando-a, a partir da intencionalidade didática, em uma lista de palavras estáveis, ou seja, permeadas de significado e já conhecidas pelas crianças, que reconhecem sua configuração e sabem dizer o que está escrito ali. Isso oferecerá algumas relações seguras sobre o sistema de escrita alfabético.

Apresentamos aqui duas configurações de um jogo que pode ser realizado regularmente no momento da roda: Detetive de Nomes. A tarefa das crianças nessa brincadeira é tentar descobrir o nome escolhido pela professora a partir de pistas e de um conjunto de cartões com nomes entre os quais está o escolhido.

A primeira atividade tem um nível de complexidade menor, sendo mais indicada para o início do ano. Trata-se de descobrir, entre HELENA, IARA e BENJAMIM, qual o escolhido a partir da informação das letras inicial e final:

- "Começa com **I** e termina com **A**".

A **escolha** de I e A se baseia no fato de que as crianças costumam se **apropriar** primeiro das vogais ao construir seu **repertório** alfabético.

Participando regularmente de atividades como essa, com variados desafios, as crianças começam a perceber que, quando podem antecipar o que está escrito – nesse caso, o nome de uma das crianças da turma –, seus conhecimentos sobre as letras já possibilitam que elas consigam fazer algumas leituras. Esse movimento de investigação permite a descoberta de várias regularidades e relações entre o escrito e a sonoridade das palavras.

Isso também poderia ser proposto com Helena, Ana e Antonio ("Que nome começa como Antonio e termina como Helena?"), ou com Iara, Maria e Maíra ("Que nome começa como Maria e termina como Iara?").

A segunda atividade é um pouco **mais complexa** e as convida a novas análises. Diante de um **conjunto maior** de nomes, no caso nove, as crianças devem apoiar-se nas informações das **letras iniciais** e finais para decidir qual é o **nome oculto**.

Os nomes propostos na atividade são: MAÍRA, MARIA, BENTO, HELENA, ANA, ANTONIO, IARA, BENJAMIM, JOAQUIM.

Primeiro apresentam-se as três primeiras letras de um nome – BEN – e perguntar às crianças quais nomes começam assim. Logo elas vão identificar que há dois que se encaixam: BENTO e BENJAMIM. Depois mostra-se às crianças o final do nome – IM – e perguntar quais nomes terminam assim: BENJAMIM e JOAQUIM. Então as crianças logo descobrem que o nome que começa com BEN e termina com IM é BENJAMIM.

Na sua turma, você pode pensar diferentes combinações de nomes que comecem ou terminem de forma igual, para problematizar a leitura dessas palavras. Quando observar que todos já conseguem se apoiar nas pistas do início e do final das palavras, você pode discutir entre todos os casos mais difíceis, por exemplo, como saber em que cartão está MAÍRA, e em qual está MARIA? O que tem de diferente entre esses dois nomes? ■

Páginas 62 e 63

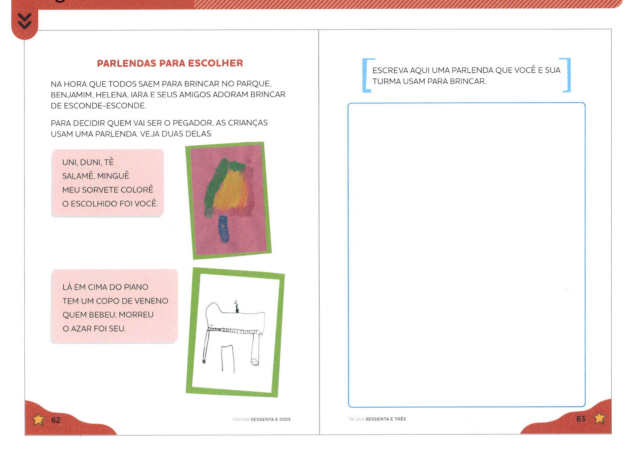

Em todas as culturas, as crianças brincam com a música. Jogos e brinquedos musicais são transmitidos por tradição oral, persistindo nas sociedades urbanas, nas quais a força da cultura de massas é muito intensa, pois é fonte de vivências e desenvolvimento expressivo e musical. Envolvendo o gesto, o movimento, o canto, a dança e o faz de conta, esses jogos e brincadeiras são legítimas expressões da infância (BRASIL,1998, p. 71).

As parlendas são brincadeiras rítmico-musicais compartilhadas entre gerações pela tradição oral. Foram ditas incontáveis vezes, nos diferentes espaços e tempos do Brasil, mas trazem para as crianças um sabor de novidade e descoberta, pois dialogam de maneira sensível com sua forma de conhecer o mundo: o brincar.

As parlendas de escolha são um exemplo de como a criança pode transformar um ato trivial para os adultos, como se decidir entre uma coisa e outra, numa animada brincadeira. "Uni duni tê" e "Lá em cima do piano" são parlendas que podem ser usadas autonomamente pelas crianças para escolher entre dois ou mais objetos, e também para brincar com os colegas, como na seleção do pegador no Esconde-esconde.

A forma de fazer isso é semelhante entre os dois exemplos: as crianças formam uma roda e cada uma estende as duas mãos – formando copos, no caso de "Lá em cima do piano". A criança que vai cantar a parlenda estende uma mão e a cada rodada conta também sua boca, para ter duas chances, como os colegas. Então, ao entoar a parlenda, ela atribui cada palavra, ou sílaba, a uma mão. Quando acaba de dizer os versos ritmados, a última mão tocada é a do pegador.

Falar essas parlendas com as crianças tem ainda o potencial de compartilhar um texto conhecido de memória, que permitirá indagar o escrito, estabelecendo conexões entre a fala e a forma como se escreve.

Assim, você pode **voltar** algumas vezes, ao longo do ano, a essas páginas, convidando as crianças a "ler" as **parlendas**, procurando **dizer as palavras** ao mesmo tempo em que **correm o dedo** pelos versos.

As crianças vão, aos poucos, procurar indícios que ajudem a ajustar o dizer e o apontar, e você pode alimentar esse processo, indicando no texto que o nome da parlenda é igual ao primeiro verso e fazendo perguntas como: "Nesta linha está escrito 'Lá em cima do piano'. Vocês sabem qual palavra é 'piano'?", "O que será que está escrito na segunda linha? Vamos ler a parlenda de novo?", ou "Vejam, a parlenda termina em 'o azar foi seu', onde estará escrito 'seu'?".

Indicação Literária

Ana Maria Machado, "sem nostalgia nem saudosismo, mas perfeitamente consciente de que a cultura que nos une e nos torna irmãos é tecida de fios que vêm desde a mais tenra infância", reuniu, em seus livros, uma coletânea de parlendas, cantigas e trovas, algumas simples e ingênuas, outras de refinada sutileza. Todas com um imenso potencial de encantar e divertir os pequenos. Todas elas são ilustradas com humor e leveza por Cláudio Martins e disponíveis em dois CDs, um no final de cada livro.

Páginas **64** e **65**

70

Sabemos que as narrativas literárias têm papel muito importante ao longo da infância, criando diálogos com outros tempos e espaços, convidando a assumir outros pontos de vista e alimentar sonhos, conferindo poesia ao cotidiano. A escola é um lugar privilegiado em que a criança pode conviver com outros leitores, conversar e compartilhar sensações sobre as leituras realizadas, explorar, escolher, ouvir sugestões e recomendar novos livros. Ao longo desse processo, a criança desenvolve gostos e preferências por livros, gêneros e autores.

As atividades dessas páginas convidam as crianças a **conversar sobre os contos** "Chapeuzinho Vermelho", "O Lobo e os Sete Cabritinhos" e "Os Três Porquinhos", **investigando** como o personagem lobo aparece nessas histórias.

É interessante ler esses contos de fadas para as crianças (disponibilizamos alguns deles no material complementar ao Manual do Professor em PDF) e propor conversas sobre as diferenças e semelhanças entre as histórias, o papel da esperteza ao vencer o lobo em "Os Três Porquinhos" e da coragem ao desfazer os feitos dele enquanto este personagem dormia, nas outras histórias.

Ao final dessas conversas, proponha que cada criança desenhe seu lobo, transformando-o à sua vontade: "Como é o lobo que vocês imaginam? Como se pode vencê-lo? Ele tem medo de alguma coisa?". Essas são algumas perguntas que podem incentivar essa produção.

Outro potencial dessa atividade é propor que as crianças investiguem os títulos para decidir qual é qual.

CHAPEUZINHO VERMELHO
O LOBO E OS SETE CABRITINHOS
OS TRÊS PORQUINHOS

Você pode, por exemplo, ler os três títulos, avisando que o fará numa ordem diferente da que estão escritos na página e propor que a turma descubra onde está escrito "Chapeuzinho Vermelho".

Você pode fazer algumas perguntas para apoiá-los nessa investigação:

- Quantas palavras têm em "Chapeuzinho Vermelho"? E no título das outras histórias? Vamos dizer em voz alta e tentar descobrir?
- Como começa "Chapeuzinho Vermelho"? E como termina?

Vale também explorar os selos que ilustram estas páginas, comentando que são de países muito diferentes e que, no mundo todo, as pessoas gostam de conto de fadas, por isso podemos encontrar um selo de "Chapeuzinho Vermelho" e outro de "O Lobo e os Sete Cabritinhos" vindos direto da Alemanha e um de "Os Três Porquinhos", da Hungria.

Conto de fadas

Quer entendamos os contos de fadas cultural, cognitiva ou espiritualmente – ou de outras maneiras, como quero crer –, resta uma certeza: eles sobreviveram à agressão e à opressão políticas, à ascensão e à queda de civilizações, ao massacre de gerações e às vastas migrações por terra e mar. Sobreviveram a argumentos, ampliações e fragmentações. Essas joias multifacetadas têm realmente a dureza de um diamante, e talvez nisso resida o seu mistério e milagre: os sentimentos grandes e profundos gravados nos contos são como o rizoma de uma planta, cuja fonte de alimento permanece viva sob a superfície do solo mesmo durante o inverno, quando a planta não parece ter vida discernível à superfície. A essência perene resiste, não importa qual seja a estação: tal é o poder do conto (ESTÉS, 2005, p. 11-12). ■

Páginas 66 e 67

Esta atividade prossegue na investigação dos personagens de contos, agora com o foco nas crianças corajosas que são retratadas. Por isso, vale a pena ler essas histórias (disponibilizamos algumas no material complementar ao Manual do Professor em PDF) e conversar sobre o que torna essas crianças corajosas, construindo coletivamente uma lista de sinais de coragem que você pode alimentar a cada nova leitura e manter afixada na sala à altura dos olhos dos pequenos.

Para isso, você pode perguntar:

- "Por que Joãozinho era corajoso?";
- "E Maria, o que ela fez de corajoso?";
- "Por que João do Pé de feijão era corajoso?";
- "O que ele fez de corajoso?";
- "E o Pequeno Polegar, porque dizemos que ele era corajoso?";
- "O que você faria no lugar de um desses personagens?" [citar o personagem na pergunta];
- "Por que você acha que esses personagens venceram na história?" [citar o personagem na pergunta].

Ao final dessa investigação, convide as crianças a **ilustrar** seu **herói** ou **heroína** corajoso(a).

Os títulos dessas histórias também contextualizam uma boa atividade de leitura. Você pode propor dois desafios: o primeiro, mais simples, é o de achar onde está "O Pequeno Polegar", depois de ler os títulos em outra ordem (começando por "João e o Pé de Feijão" e terminando em "João e Maria", por exemplo). Para isso você pode perguntar como começa esse título – "o" – e procurar qual dos três começa por essa vogal.

Outro desafio é investigar as escritas de "João e Maria" e "João e o pé de feijão" para descobrir qual é qual. Para isso, você pode copiar os dois títulos no quadro, um abaixo do outro, e dizer que no quadro estão escritos estes dois títulos. Pergunte às crianças qual palavra se repete nos títulos (João) e circule-a nos dois títulos. Então pergunte: "Em qual deles está escrito João e Maria?", "Maria começa como o nome de alguma criança aqui na sala?" (ou "Tem Maria na turma? Tem, né? Como se escreve 'Maria'?").

JOÃO E MARIA
JOÃO E O PÉ DE FEIJÃO
O PEQUENO POLEGAR

Vale também explorar os selos com estampas de contos de fadas. Nestas páginas temos um da Alemanha que retrata João e Maria, um de Curaçau que apresenta um João do Pé de Feijão negro e um da Hungria com o Pequeno Polegar.

Livros transformadores

Livros transformadores são aqueles que, segundo Chambers, "[...] enriquecem em algum grau minha imagem do mundo e sua existência; me ajudam a conhecer-me e a compreender os outros e a sociedade em que vivo, assim como a sociedade em que vivem as outras pessoas. Os livros transformadores têm muitos níveis, múltiplos temas, são linguisticamente conscientes e densos. O tipo de escritura oposta é reducionista, limita o que lemos à estreita margem do familiar, do óbvio, do imediatamente atrativo e se concentra em temas e tratamentos confinados ao complacente e já ensaiado" (CHAMBERS, 2008, p. 40, tradução nossa).

Páginas 68 e 69

Continue, nestas páginas, a exploração dos personagens de contos de fadas, investigando com as crianças os reis e as rainhas das histórias, e os papéis que eles desempenham. Para isso, é interessante ler "Branca de Neve e os Sete anões", "Bela Adormecida" e "Cinderela" (disponíveis no material complementar ao Manual do Professor em PDF), procurando observar com os alunos como são os reis e as rainhas de cada conto: se são bons ou maus, se aparecem ativamente ou de relance, se protegem os bons personagens ou os perseguem.

Depois dessa conversa, pergunte às crianças, de todos os personagens que conheceram nessa série de leituras, qual é o preferido delas. Você pode fazer uma lista desses personagens e afixar na sala. Eles podem animar divertidas brincadeiras de faz de conta. Quando todos estiverem certos da sua escolha, convide-os a anotar o seu preferido no livro, no espaço dedicado a isso. Elas podem se apoiar na leitura do cartaz para organizar sua escrita.

Os **títulos de contos** dessa página podem **contextualizar** boas situações de leitura.

Você pode, por exemplo, perguntar com que letra começa "Cinderela" e então pedir que todos circulem o nome dessa princesa entre os títulos. Pode, também, perguntar como começam e terminam os títulos "Branca de Neve" e "Bela Adormecida", para que as crianças possam se apoiar na vogal final para decidir qual é qual.

BRANCA DE NEVE
BELA ADORMECIDA
CINDERELA

Convide as crianças a explorar os selos desta página. Há um selo do Paraguai retratando a Cinderela, um da Suíça (Helvétia) representado pela Branca de Neve e um da Alemanha com a Bela Adormecida.

Quando você torna a leitura uma atividade habitual em sua turma, as crianças podem participar e fazer uso, com crescente autonomia, de diferentes práticas de linguagem em situações significativas, instigantes, lúdicas e prazerosas:

- Ouvir e deixar-se tocar pelas histórias nos diferentes gêneros em que elas se apresentam – contos maravilhosos e de aventura, mitos, lendas, fábulas, textos teatrais;
- Conhecer o mundo com base na narração de outras pessoas que o exploraram antes de nós – relatos de viagem e experiência vivida;
- Dar asas à própria curiosidade sobre animais, astros, vulcões, plantas e tudo o mais; sabendo que há respostas às perguntas em livros, revistas, textos informativos ou de divulgação científica e enciclopédias;
- Narrar, ouvir os relatos de seus colegas e estabelecer relações entre diferentes experiências e narrativas;
- Aprender a expor sua opinião, compartilhar ideias, defender seu ponto de vista, saber ouvir e levar em consideração a opinião alheia;
- Fazer uso da leitura e da escrita para organizar suas ações ao longo do dia – rotina, cardápio, listas de tarefas.

Os diferentes sentidos da leitura

Pouco a pouco, as crianças começam a descobrir que podem se apropriar do conteúdo dos livros como de algo parecido com a memória. Depois de terminada a leitura do adulto, elas ouvem ecos do texto ao relembrar a história. Experimentam possibilidades de significados e desdobram associações ao recordar trechos da narrativa e repetir as frases preferidas, como se fossem encantamentos ('e, todavia, fazia calor'). Descobrem, também, que quem leu lhes deu um texto completo – um poema, um conto ou simplesmente uma adivinha – como uma experiência à qual podem voltar por si mesmos. Podem, inclusive, reconstruir a história em sua cabeça, de tal forma que a Cachinhos Dourados e os Três Ursos possam ser amigos, ou que a Cinderela possa mandar o príncipe fazer as malas dele, porque ela prefere ficar em casa (MEEK, 2004, p. 137, tradução nossa). ∎

Página 70

As crianças, desde o nascimento, estão imersas em um universo do qual os conhecimentos matemáticos são parte integrante. Participam de uma série de situações envolvendo números, relações entre quantidades e noções sobre espaço. Utilizando recursos próprios e pouco convencionais, elas recorrem à contagem e às operações para resolver problemas cotidianos, como marcar e controlar os pontos de um jogo, repartir as balas entre os amigos, mostrar com os dedos sua idade e conferir figurinhas.

Colecionar figurinhas encanta **crianças** e **adultos** há muito tempo. Dizem que as primeiras figurinhas foram criadas na Europa, em 1868.

Ao longo dos anos, os álbuns foram mudando, mas mantiveram algumas características. A imagem de fundo da página 70 do Livro do Estudante é de um álbum de 1878. Nele, as figurinhas eram numeradas por página, e cada página era reservada para uma classe de animais. Nos álbuns atuais, cada figurinha do álbum corresponde a um número.

Nesse álbum, as figurinhas apresentam cinco temas: animais, flores, moradia, meio de transporte e clima. Algumas figurinhas estão vazias para que a criança faça um desenho de acordo com a temática da página.

> Se as crianças constroem algumas ideias importantes por meio do contato cotidiano com a numeração escrita fora da escola, por que não permitir que o esse sistema entre na sala de aula da mesma maneira para poder continuar pensando os mistérios que sua escrita contém junto com quem compartilha preocupações similares? (WOLMAN, 2000, p. 42).

O álbum de figurinhas é um **objeto cotidiano** e significativo para as crianças, no qual os **números** estão presentes de forma **ordenada**. No nosso álbum, até o 32.

A ideia dessa proposta é oferecer uma oportunidade rica para que as crianças pensem sobre os números e a organização do sistema de numeração. Ao colecionar figurinhas, as crianças precisam ler os números no verso de cada uma e procurá-los nas páginas para encontrar seu lugar. Dessa forma, colecioná-las pode favorecer o aprendizado sobre escrita, leitura e ordem.

Na primeira página do álbum, há um quadro que contém os números das figurinhas. Ele está organizado em linhas de sete, um recurso a mais em que as crianças podem buscar informação. ■

75

Páginas **71, 72** e **73**

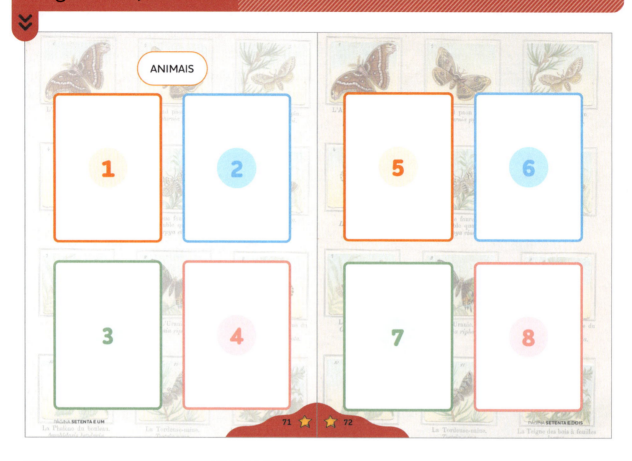

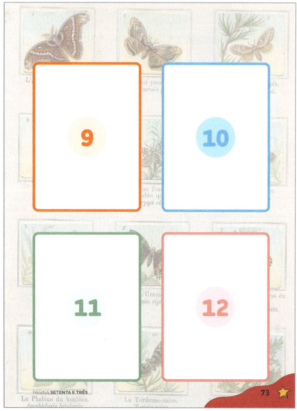

Durante a procura, a comparação e a escolha do espaço reservado para cada figurinha, surgem alguns problemas conceituais para as crianças. Ao procurar o lugar da figurinha no álbum, elas buscam estratégias que as ajudem a localizá-la rapidamente.

- Como procurar no álbum os espaços reservados para cada figurinha?
- Procuramos uma por uma ou há alguma estratégia para buscar o espaço da figurinha?
- Para marcar no quadro de números a figurinha colada, é preciso começar do 1 para encontrar o número que precisa ser indicado?

As figurinhas disponíveis no anexo não estão dispostas de acordo com a sequência numérica justamente para trazer às crianças o desafio de localizá-las nas páginas. Assim, ao longo da atividade, é importante que você favoreça a circulação de informação sobre as estratégias utilizadas pelas crianças para encontrar o local em que cada figurinha deve ser colada.

Você pode propor que as crianças colem **duas figurinhas por dia**.

Sabemos que as crianças têm diferentes conhecimentos sobre o sistema de numeração, por isso, no momento de colar as figurinhas, você pode reuni-las em grupos. As práticas grupais oferecem a possibilidade de enriquecer o conhecimento de seus integrantes.

Você desempenha um papel fundamental neste projeto, especialmente para que ele não se transforme em uma simples tarefa de colar as figurinhas, como um mero exercício perceptivo. Pode propor, por exemplo, que as crianças antecipem a localização da figurinha no álbum fazendo perguntas como: "Será que essa figurinha está no começo ou no final do álbum?". Pode também sugerir que abram o álbum em determinada página e perguntar se devem folhear o álbum para frente ou para trás.

Ao buscar o número das figurinhas no quadro, as crianças podem, por exemplo, observar que todos os números de dez a dezenove são escritos com o número 1 na frente. Ou seja, é importante que eles encontrem uma regularidade, mesmo que ainda não possam justificá-la.

Esse exemplo apenas reforça que as crianças só poderão encontrar regularidades quando oferecemos diversas oportunidades para que interajam com um amplo setor da numeração escrita. Essa descoberta não é imediata, mas sim o resultado de muito trabalho sobre a numeração escrita. Porém, uma coisa é certa: se só trabalharmos com um intervalo pequeno de números, apresentados de acordo com a série, as crianças não poderão refletir e descobrir padrões. ■

Páginas 74 e 75

Após colarem as figurinhas do dia, oriente as crianças a marcar seus números no quadro numérico da página 70. Você pode decidir quantas serão coladas a cada dia. Antes de fazer essa atividade, elas podem anotar em um papel os números das figurinhas que pretendem colar. Essa anotação tem diferentes funções:

→ Escrever o número das figurinhas no papel facilita a tarefa de marcar no quadro numérico, onde provavelmente já haverá alguns números marcados, somente os números das figurinhas que colaram naquele dia e não precisar revisar todo o álbum para identificar as que faltam para serem marcadas;

→ Se um dia não houver tempo suficiente para colar as figurinhas no álbum e marcar no quadro as que foram coladas, as anotações funcionarão como uma boa ajuda de memória para terminar a tarefa outro dia;

→ Além disso, você pode propor uma variação no jeito de marcar. Uma criança pode ditar "lendo" os números anotados no papel para que outra os marque no quadro. Esse momento pode ser muito frutífero, sobretudo quando os conhecimentos que elas dispõem são diferentes.

Procurar o número no quadro onde devem marcar os correspondentes às figurinhas coladas não é sempre uma tarefa fácil. É interessante observar de que maneira as crianças conseguem localizar algum número. Os procedimentos empregados são diferentes.

> Algumas crianças **procuram** de forma global e desordenada, outras começam do início, **contando** desde o 1 até chegar ao que procuram. Há ainda quem busque algum **indício** nos **números** para encontrá-lo mais rapidamente.

O quadro permite ainda conferir a quantidade de figurinhas que cada criança colou em seu álbum. Para problematizar esse aspecto, você pode, em determinados momentos, perguntar se falta pouco ou muito para completar o álbum e questionar: "Como saber se faltam poucas ou muitas figurinhas, olhando apenas o quadro de marcação?".

Periodicamente você pode também propor que as crianças contem as figurinhas coladas, as que ainda faltam colar. ■

Páginas 76 e 77

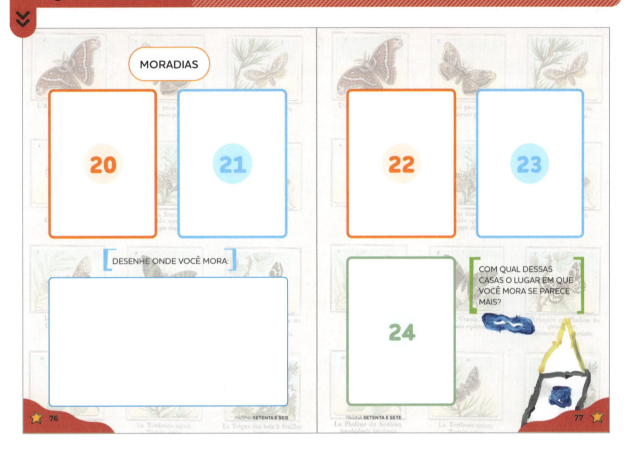

As figurinhas das páginas 76 e 77 abordam diferentes tipos de moradias. Na página 76, há uma proposta para que cada criança desenhe o local onde mora. Antes de indicar essa atividade, vale a pena explorar com as crianças diferentes tipos de moradia. Você pode fazer perguntas como:

- Como é o lugar onde você mora? É uma casa ou um edifício de apartamentos?
- Do que é feito o lugar onde você mora? De tijolo, madeira ou barro?
- Como é esse lugar?
- Quem mora com você?

É interessante, também, apresentar imagens de diferentes tipos de habitação: casa de alvenaria, edifícios de apartamento, palafita, casas de madeira e de pau a pique, oca, iglu, e perguntar para as crianças quem elas acham que vivem ali. Se mora uma única pessoa ou mais, você pode buscar na internet, em revistas ou enciclopedias imagens de diferentes tipos de moradia para compartilhar com as crianças.

Pergunte para a turma:
Com qual dessas casas o lugar onde você mora se parece mais?

Analisar construções é essencial para começar a entender o conceito de lugar. Aguce o olhar da criançada para os diferentes tipos de moradia (SALLA, 2012, [s.p.]).

Você pode propor outros problemas relacionados a onde colar as figurinhas. Por exemplo, perguntar: Por que não colar essa figurinha (mostrar a figurinha 32) neste espaço (mostrar o espaço com o número 23), se são os mesmos números? ■

79

Páginas 78 e 79

As figurinhas da página 78 representam meios de transporte. É possível organizar uma roda para conversar com as crianças sobre como costumam ir para a escola, se vão a pé, de ônibus, de carro ou de barco. É uma boa oportunidade para ampliar os conhecimentos delas acerca dos meios de transporte e conversar sobre como as pessoas faziam para ir de um lugar a outro antes de existir os meios de transporte atuais.

As figurinhas da página 79 abordam a temática do clima. Uma possibilidade é explorar a observação climática e perguntar às crianças como está o tempo hoje. Periodicamente, você pode propor que anotem no calendário da classe como está o clima.

E ao final do mês, coletivamente, **observar** quantos foram os dias de sol, quantos choveram etc.

No momento de **colar as figurinhas**, uma variação possível é sugerir que as crianças ordenem antes de colá-las.

Essa tarefa pode ser feita em pequenos grupos, enquanto as demais crianças estão em atividades que conseguem fazer com mais autonomia. Proponha que elas organizem da menor para a maior, por exemplo, três figurinhas: 21, 7, 12. Para resolver essa tarefa, as crianças podem fazer observações, como: "Essa (apontando o 7) é menor, porque tem um número só, e essas (apontando para 21 e 12) têm dois números". As crianças também precisarão decidir qual é maior, 21 ou 12. Nesse caso, é comum se apoiarem na contagem (quando conto, 12 vem antes de 21) ou em um critério apoiado na posicionalidade, como elas dizem: "o primeiro é o que manda". Nessas interações, as crianças buscam argumentos que possam ajudar o colega.

Ao comparar números de igual quantidade de algarismos, as crianças exibem argumentos por meio dos quais evidencia-se que elas já descobriram qual posição dos algarismos cumpre uma função relevante em nosso sistema de numeração.

[...] As crianças citadas já descobriram – além da vinculação entre a quantidade de algarismos e a magnitude do número – outra característica específica dos sistemas posicionais: o valor que um algarismo representa, longe de ser sempre o mesmo, depende do lugar em que está localizado em relação aos outros que constituem o número. Sabem também que, se compararem dois números de quantidade igual de algarismos, será necessariamente maior aquele cujo primeiro algarismo seja maior, e por isso podem afirmar como o fizeram muitos dos sujeitos entrevistados – que "o primeiro é quem manda" (LERNER; SADOVSKY, 1996, p. 81- 83).

Em outro momento, organize uma roda para **conversar** sobre a **diferença** desse modo de **organizar** as figurinhas.

É provável que concluam que, desse modo, não precisam ir e vir no álbum procurando o lugar de cada figurinha. Você pode pedir que as crianças expliquem como fizeram para organizar esse processo de colagem.

A matéria **"Quantas intenções cabem em um projeto"** aborda a experiência de um projeto de produção de um álbum de figurinhas realizado em escolas de Educação Infantil: <bit.ly/2EBdpwU> (acesso em: 12 set. 2020).

Páginas 80, 81, 82 e 83

81

COM A MÃO NA MASSA

Todos nós, que trabalhamos com Educação Infantil, sabemos a importância das misturas para os pequenos. Por exemplo, crianças em um tanque de areia, realizando experiências de transvasamento de água e areia em copinhos de plástico, ficam absorvidas horas e horas a fio se as deixarmos.

As melecas e massas oferecem uma infinidade de possibilidades. Experimentar misturas mornas, como um mingau de água e farinha, ou geladas, de amido de milho e anilina, passar a massa por um escorredor de macarrão, acrescentar um pouco de tinta em melecas mais líquidas e observar como a cor se mistura.

Que tipo de conhecimento está sendo engendrado ali?

Vamos lembrar que a conservação dos volumes, quando a pessoa compreende que um copo alto e estreito pode conter a mesma quantidade de líquido que um largo e curto, é esperada apenas em torno dos 10, 11 anos. De modo que não é o pensamento operatório que ali se prepara, ou não apenas este, mas toda a dimensão da imaginação humana que se baseia na experiência, no manuseio, na mistura, nas massas e nas substâncias que se transformam pela nossa ação.

Que poder de encantamento tem essa massa para as crianças?

Esse longo tempo passado fazendo das bolas, cobrinhas; das cobrinhas, bonecos; dos bonecos, cachorrinhos, e assim por diante, revela um grande prazer que é, ao mesmo tempo, sensorial e cognitivo, sem dissociações entre sentir e agir.

Esse tipo de prazer teve no filósofo francês Gaston Bachelard um grande intérprete, procurando ver na literatura manifestações de uma "tese que afirma o caráter primitivo, o caráter psiquicamente fundamental da imaginação criadora" (BACHELARD, 1991, p. 2).

Para o autor, a **imaginação criadora** produz o que ainda não existe, e o faz no embate ou convívio com a matéria.

82

As crianças conhecem o mundo por meio da ação e das sensações. Ao explorar misturas e texturas, elas testam e descobrem possibilidades, por isso, o trabalho com melecas deve fazer parte do cotidiano da Educação Infantil. Trata-se de uma prática que pode ocorrer diariamente, ou dia sim, dia não.

Fazer melecas é algo simples, basta farinha e água, mas possibilita muitas descobertas. Enquanto mexem na massa, as crianças podem observar o que acontece quando misturam os ingredientes, as mudanças de consistência e de temperatura. Podem aprender que quanto mais farinha se junta à água, mais densa a mistura fica, e que, quando se coloca muita água, a massa escorre pelas mãos.

Organização – Antes de propor essa atividade, o espaço precisa ser organizado. Os recipientes podem ser bacias e vasilhas de diferentes tamanhos. É importante, também, dispor papéis no chão, na mesa ou na parede para que as crianças possam deixar suas marcas. Se for necessário, o piso pode ser forrado com jornal, e as crianças podem usar uma camiseta velha ou um avental por cima da roupa.

Interações – Durante o trabalho, é importante observar as reações das crianças e a interação entre elas. Pode ser que algumas queiram passar a mistura no corpo ou no cabelo. Outras podem se mostrar receosas em pegá-la, pois, às vezes, a textura causa estranheza. Quando isso ocorrer, o professor pode oferecer algum instrumento, como um palito de sorvete ou uma colher, que permita um contato indireto com a massa. Pode também mexer na meleca com suas próprias mãos, convidando as crianças a participar dessa exploração.

Substâncias – Para proporcionar experiências mais ricas para as crianças, podem-se utilizar diferentes ingredientes. Misturar água com sagu, goma de tapioca, amido de milho, sal ou óleo de cozinha cria texturas diferentes. Cores podem ser acrescentadas com o uso de gelatina em pó ou corante alimentício. É possível utilizar também terra, areia, folhas, sementes, xampu e cola. Mas é preciso ter cuidado, pois as crianças pequenas costumam colocar a mistura na boca.

Texturas – Embora seja interessante variar as combinações dos produtos utilizados para fazer as melecas, é possível também repetir os materiais para que as crianças possam reviver a experiência e testar variações, como a densidade da massa, acrescentando mais água ou mais farinha. Como a textura nunca fica exatamente igual, é interessante pensar em por que a mistura ficou diferente:

Será que puseram mais cola, mais farinha, mais água?

As massas mais moles podem ser esparramadas sobre alguma superfície e utilizadas para desenhar com o dedo, palitos ou gravetos. As mais consistentes podem ser usadas para modelar ou fazer comidinha para o faz de conta.

Experiência – Conversar com as crianças sobre a experiência que estão vivendo cria um contexto favorável para que elas descrevam as mudanças que observam ao misturar diferentes materiais. Algumas perguntas podem ajudar:
- O que acontece se acrescentarmos mais farinha?
- E se colocarmos mais água?
- Qual massa ficou mais grudenta?
- Qual é mais fácil de modelar?
- Dá para desenhar com essa massa?
- O que aconteceu com a cor da mistura? ■

Páginas 84 e 85

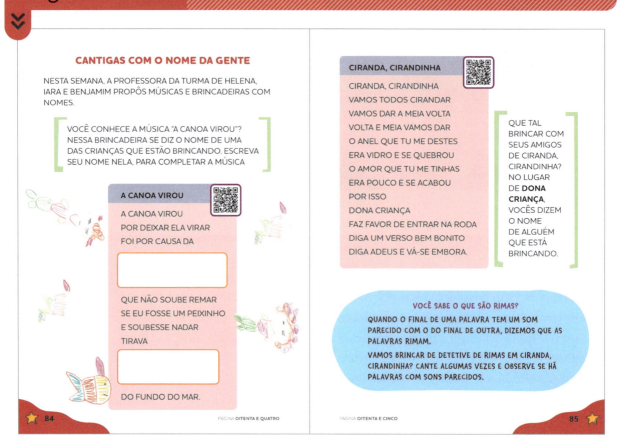

Algumas cantigas da tradição oral que têm muito apelo às crianças pequenas são aquelas que permitem dizer o nome de cada uma. O nome, como sabemos, é um marco de pertencimento. Cantar cantigas em que se diz, a cada repetição, o nome de uma das crianças da turma é uma forma de configurar o grupo, acolher, criar um espaço que é de todos.

Por isso, essas cantigas são uma **peça-chave** durante os períodos de **adaptação** das crianças e também criam um bonito **ritmo de acolhimento** no momento da chegada das crianças a cada dia na sala de aula.

Essas **cantigas**, quando escritas, também convidam a **escrever o nome** – como propomos em "A Canoa Virou", que também é um contexto para a investigação das **rimas**.

Na atividade da página 85, é interessante que, depois de todos estarem bem familiarizados com a letra de "Ciranda, cirandinha", tendo brincado com ela muitas vezes, você proponha uma conversa sobre rimas, lendo, por exemplo, a definição apresentada no Livro do Estudante, e convide a turma a cantar a música, procurando encontrar essas palavras que terminam de forma parecida.

Depois que a turma tiver encontrado várias rimas, na exploração oral, você pode contar que essas palavras que soam parecido costumam terminar com as mesmas letras, convidando as crianças a investigar o escrito.

O cancionista mais parece um malabarista. Tem um controle da atividade que permite equilibrar a melodia no texto e o texto na melodia, distraidamente, como se para isso não despendesse qualquer esforço. Só habilidade, manha e improviso. Apenas malabarismo. Cantar é uma gestualidade oral, ao mesmo tempo contínua, tensa e natural, que exige um permanente equilíbrio entre os elementos melódicos e linguísticos, os parâmetros musicais e a entoação coloquial (TATIT, 1996, p. 9). ∎

Páginas **86, 87, 88, 89** e **90**

Uma boa forma de interação e brincadeira para crianças pequenas é cantar (e dançar!) o repertório inesgotável do cancioneiro popular brasileiro. Ouvindo, apreciando e cantando, cada criança compreende melhor a língua materna em seus ritmos, entoações e significados. Sem sermos repetitivos, podemos diariamente percorrer esse amplo repertório, proporcionando um ambiente de alegria e descoberta.

Se houver a possibilidade de alguém acompanhar com violão ou outro instrumento, maravilha! As crianças também podem participar com instrumentos de percussão, como chocalhos, percutindo no chão ou no próprio corpo. O importante é a sintonia e o prazer que vêm da música.

As canções do folclore nacional, que vão sendo um repertório comum entre as crianças, têm

85

também um importante papel em convidar a reflexão sobre as palavras, sua sonoridade e sua escrita.

A partir dessas canções, é possível identificar palavras que rimam, uma habilidade de consciência fonológica que pode ser explorada no dia a dia da Educação Infantil, segundo Artur Gomes de Morais (2019), convidando as crianças a investigar a sonoridade das palavras e as relações entre língua oral e escrita.

Ter um **repertório comum** estimula, por outro lado, a enunciação das **preferências**, algo muito importante no processo de **conhecer a si mesmo** e se perceber único nos seus gostos, nas suas caraterísticas e nos seus saberes.

Um repertório de cantigas de memória também constitui um contexto que convida processos de investigação da criança sobre a linguagem musical e o cantar. Por isso, as cantigas apresentadas em

86

códigos QR no Livro do Estudante têm gravações em tonalidade adequada ao cantar infantil.

A presença de uma canção é um convite ao desafio de aprender a cantá-la. Se a tonalidade da canção não é adequada à sua voz, é muito provável que a criança procure inutilmente uma porta de entrada enquanto escuta e acabe permanecendo em silêncio. Entrar no jogo que a canção propõe é um desafio porque exige experiência vocal e musical – para buscar, por exemplo, a tonalidade mais adequada à voz que canta –, e este é um conhecimento que se constrói e se aprende fazendo (BREIM, 2020).

Nesta página do Livro do Estudante temos outro código QR, que dá acesso às gravações de "Caranguejo não é peixe", "De abóbora faz melão", "Roda pião", "Linda laranja" e "Capelinha de melão", feitas pelo músico e educador Ricardo Breim, que desenvolveu um trabalho importante com cantigas de roda, acompanhando a prática de professoras da Educação Infantil. ■

Página 91

explorar com as crianças a imagem de cada verbete do glossário: leia o nome do verbete e pergunte se a imagem combina com o nome, se elas sabem o que aquela palavra significa e se desenhariam diferente.

Depois leia o verbete e converse sobre ele, **estabelecendo relações** entre as respostas das crianças e as informações apresentadas livro.

No glossário da página 91 são apresentados os verbetes:

PARLENDA
CANTIGA
PERSONAGEM
MORADIAS
MEIOS DE TRANSPORTE

Se você considerar que ao longo da unidade aparecem outras palavras que as crianças não conhecem, vale propor a confecção de novos glossários, ilustrados pelas crianças, consultando o dicionário para a elaboração dos verbetes. Você pode ler a definição do dicionário em voz alta e propor que as crianças formulem seu próprio verbete, dizendo o que compreenderam. ■

Ao explorar a página do glossário com sua turma, é importante conversar sobre sua função de ajudar a conhecer melhor algumas das palavras utilizadas nas propostas da unidade. Você pode

87

UNIDADE 2 · **CONCLUSÃO**

O itinerário didático e a trajetória do aprendizado que acontecem numa escola presumem significação completa para os sujeitos envolvidos (educadores e crianças), a ponto de esses processos poderem ser relembrados, reexaminados, analisados e reconstruídos de forma adequada. A trajetória educacional se torna concretamente visível por meio de uma documentação cuidadosa dos dados relacionados com as atividades (RINALDI, 2017, p. 120).

Neste trecho, Carla Rinaldi apresenta o ideal de avaliação formativa que documente as aquisições de conhecimentos das crianças, permitindo a elas e aos educadores resgatar esses processos, ressignificá-los, torná-los visíveis e tomá-los como base para novos aprendizados.

É preciso, assim, fazer uso de práticas de avaliação formativa que permitam acompanhar os objetivos pedagógicos relacionados a cada campo de experiências: selecionar produções para guardar memória, usar planilhas de observação, descrever cenas de brincadeira e interação, fotografar a ação da criança em percursos de construção ou o fazer artístico, compondo mini-histórias etc. Essas práticas podem se reunir e corporificar no portfólio de cada criança:

Para acompanhamento e análise do processo de evolução de cada criança, o portfólio, que, a princípio, pode ser compreendido como uma coletânea de momentos significativos, auxilia toda a comunidade escolar a avaliar o percurso de aprendizagem que não é estático: cada atividade, cada foto, cada comentário do professor, cada entrevista realizada e cada reflexão das crianças do que acham que já aprenderam, ou do que ainda é difícil, revela, de maneira significativa, todo o processo de aprendizagem (TONELLO, 2015, adaptado).

Para acompanhar os objetivos pedagógicos relacionados ao Campo de Experiências "O eu, o outro e nós", é interessante lançar mão de uma planilha de observação em que você registre como cada criança se relaciona com seus colegas e educadores, observando sua possibilidade e autonomia no exercício dos objetivos de:

→ Agir de maneira independente, com confiança em suas capacidades, reconhecendo suas conquistas e limitações;

→ Ampliar as relações interpessoais, desenvolvendo atitudes de participação e cooperação;

→ Comunicar suas ideias e sentimentos a pessoas e grupos diversos;

→ Manifestar interesse e respeito por diferentes culturas e modos de vida.

Com relação aos objetivos pedagógicos do Campo de Experiências "Corpo, gestos e movimentos": "Demonstrar controle e adequação do uso de seu corpo em brincadeiras e jogos, escuta e reconto de histórias, atividades artísticas, entre outras possibilidades". É interessante observar as crianças nas situações em que elas estão ouvindo histórias, por exemplo, gravando alguns de seus recontos e também selecionando produções realizadas neste contexto e no de exploração de melecas e massinhas para documentar o percurso de cada uma.

Gravar e filmar são **recursos potentes** para documentar, também, as **aprendizagens** relacionadas aos objetivos pedagógicos do Campo de Experiências: **Traços**, **sons**, **cores** e **formas**:

- Utilizar sons produzidos por materiais, objetos e instrumentos musicais durante brincadeiras de faz de conta, encenações, criações musicais e festas;
- Expressar-se livremente por meio de desenho, pintura, colagem, dobradura e escultura, criando produções bidimensionais e tridimensionais;
- Reconhecer as qualidades do som (intensidade, duração, altura e timbre), utilizando-as em suas produções sonoras e ao ouvir músicas e sons.

Já para documentar e acompanhar as aprendizagens relacionadas ao Campo de Experiências "Escuta, Fala, Pensamento e Imaginação", que se referem ao desenvolvimento da literacia (PNA, 2019), é interessante aliar várias estratégias de avaliação formativa:

- Selecionar produções ao longo do bimestre, semestre e ano que mostram a crescente habilidade das crianças em "Expressar ideias, desejos e sentimentos sobre suas vivências, por meio da linguagem oral e escrita (escrita espontânea), de fotos, desenhos e outras formas de expressão";
- Gravar e filmar as crianças nos momentos de "Inventar brincadeiras cantadas, poemas e canções, criando rimas, aliterações e ritmos";
- Usar uma planilha de observação, mapeando as estratégias das crianças ao "Escolher e folhear livros, procurando orientar-se por temas e ilustrações e tentando identificar palavras conhecidas";
- Filmar as crianças em suas experiências de "Recontar histórias ouvidas e planejar coletivamente roteiros de vídeos e de encenações, definindo os contextos, os personagens e a estrutura da história";
- Documentar, selecionando produções das crianças que demonstrem seu percurso de aprendizagem ao "Levantar hipóteses em relação à linguagem escrita, realizando registros de palavras e textos, por meio de escrita espontânea".

E para documentar e acompanhar as aprendizagens relacionadas ao Campo de Experiências "Espaços, Tempos, Quantidades, Relações e Transformações", que se referem ao desenvolvimento da numeracia (PNA, 2019) – "registrar observações, manipulações e medidas, usando múltiplas linguagens (desenho, registro por números ou escrita espontânea), em diferentes suportes" e "relacionar números às suas respectivas quantidades e identificar o antes, o depois e o entre em uma sequência", – é interessante observar nas falas e nas produções das crianças se elas avançaram nas reflexões sobre o uso de portadores numéricos como apoio para localizar números escritos no quadro numérico e nas páginas do álbum de figurinhas. ■

UNIDADE 3 · INTRODUÇÃO

Páginas **92** e **93**

Esta unidade nos coloca em contato com os modos de expressão próprios da criança e em como privilegiá-los em nossas propostas didáticas. Com foco na atividade principal da criança – e quem dera continuasse sendo a nossa também –, que é BRINCAR, observamos e registramos sua conduta para pensar em propostas que envolvam diversas linguagens, parte significativa do mundo da escrita e dos números a exigir nossa intenção educativa.

Explorar e **pesquisar** são ações necessárias na brincadeira: o bom **brincante** é curioso, cria **múltiplas possibilidades** no uso dos brinquedos, assimilando-as ao seu próprio **modo de ser**.

Na vida adulta, brincar – imaginar algo no lugar de outra coisa – origina arte e ciência.

A leitura, a escrita, os jogos de contagem e de construção e a exploração do espaço por meio de circuitos motores são propostos sempre tendo em vista a aprendizagem e o desenvolvimento de formas expressivas originárias do faz de conta nos seis primeiros anos de vida.

A ideia é que as páginas do livro sejam um **convite para brincar**, de diversas **formas**, em diferentes **espaços** e **tempos**, e com diferentes **parceiros**.

Esperamos que as brincadeiras propostas nessas páginas se constituam em oportunidades para que as crianças convivam entre si. Para que possam explorar movimentos, gestos, sons, objetos e elementos da natureza, formas e texturas, cores, palavras e emoções, elaborando conhecimentos e ampliando seus saberes sobre si mesmas, sobre os outros e sobre a cultura.

> A intenção é que as crianças possam **participar ativamente** do planejamento das atividades propostas por você, **escolhendo** brincadeiras, materiais e ambientes para brincar, desenvolvendo, assim, **diferentes linguagens**.

O brincar e a realidade

A criança traz para dentro dessa área da brincadeira objetos ou fenômenos oriundos da realidade externa, usando-os a serviço de alguma amostra derivada da realidade interna ou pessoal. Sem alucinar, a criança põe para fora uma amostra do potencial onírico e vive com essa amostra num ambiente escolhido de fragmentos oriundos da realidade externa. No brincar, a criança manipula fenômenos externos a serviço do sonho e veste fenômenos externos escolhidos com significado e sentimento oníricos (WINNICOTT, 1975, p. 76).

As situações propostas nessa unidade envolvem os seguintes Campos de Experiências:

- O eu, o outro e o nós;
- Corpo, gestos e movimentos;
- Traços, sons, cores e formas;
- Escuta, fala, pensamento e imaginação;
- Espaços, tempos, quantidades, relações e transformações.

As brincadeiras cantadas e as propostas de escritas de legendas favorecem experiências e conhecimentos sobre a leitura e a escrita de maneira lúdica e adequada às crianças pequenas, antes que elas aprendam a ler e a escrever convencionalmente, e contribuem para o desenvolvimento de vocabulário receptivo e expressivo, conforme é proposto na seção "Literacia emergente" da PNA (BRASIL, 2019, p. 22). Da mesma maneira, no que diz respeito à numeracia (p. 24), os jogos de regras convidam as crianças a ler e escrever números e a resolver algumas adições e subtrações com números baixos, contribuindo para a compreensão das funções e significados das operações matemáticas.

OBJETIVOS PEDAGÓGICOS

- Agir de maneira independente, com confiança em suas capacidades, reconhecendo suas conquistas e limitações (**BNCC: EI03EO02**).
- Ampliar as relações interpessoais, desenvolvendo atitudes de participação e cooperação (**BNCC: EI03EO03**).
- Manifestar interesse e respeito por diferentes culturas e modos de vida (**BNCC: EI03EO06**).
- Usar estratégias pautadas no respeito mútuo para lidar com conflitos nas interações com crianças e adultos (**BNCC: EI03EO07**).
- Criar com o corpo formas diversificadas de expressão de sentimentos, sensações e emoções, tanto nas situações do cotidiano quanto em brincadeiras, dança, teatro, música (**BNCC: EI03CG01**).
- Demonstrar controle e adequação do uso de seu corpo em brincadeiras e jogos, escuta e reconto de histórias, atividades artísticas, entre outras possibilidades (**BNCC: EI03CG02**).
- Criar movimentos, gestos, olhares e mímicas em brincadeiras, jogos e atividades artísticas como dança, teatro e música (**BNCC: EI03CG03**).
- Coordenar suas habilidades manuais no atendimento adequado a seus interesses e necessidades em situações diversas (**BNCC: EI03CG05**).

- Utilizar sons produzidos por materiais, objetos e instrumentos musicais durante brincadeiras de faz de conta, encenações, criações musicais, festas (**BNCC: EI03TS01**).
- Expressar-se livremente por meio de desenho, pintura, colagem, dobradura e escultura, criando produções bidimensionais e tridimensionais (**BNCC: EI03TS02**).
- Expressar ideias, desejos e sentimentos sobre suas vivências, por meio da linguagem oral e escrita (escrita espontânea), de fotos, desenhos e outras formas de expressão (**BNCC: EI03EF01**).
- Inventar brincadeiras cantadas, poemas e canções, criando rimas, aliterações e ritmos (**BNCC: EI03EF02**).
- Levantar hipóteses sobre gêneros textuais veiculados em portadores conhecidos, recorrendo a estratégias de observação gráfica e/ou de leitura (**BNCC: EI03EF07**).
- Levantar hipóteses em relação à linguagem escrita, realizando registros de palavras e textos, por meio de escrita espontânea (**BNCC: EI03EF09**).
- Estabelecer relações de comparação entre objetos, observando suas propriedades (**BNCC: EI03ET01**).
- Classificar objetos e figuras de acordo com suas semelhanças e diferenças (**BNCC: EI03ET05**).
- Relacionar números às suas respectivas quantidades e identificar o antes, o depois e o entre em uma sequência (**BNCC: EI03ET07**). ■

UNIDADE 3 · **PÁGINA A PÁGINA**

Páginas **94** e **95**

Brincar é um dos direitos de aprendizagem e desenvolvimento na Educação Infantil assegurados pela BNCC. Trata-se de uma experiência tão vital no fazer de uma criança pequena que esse direito convida também à realização de todos os outros direitos preconizados pela Base: **conviver, participar, explorar, expressar e conhecer-se**.

> Pela oportunidade de vivenciar brincadeiras imaginativas e criadas por elas mesmas, as crianças podem acionar seus pensamentos para a resolução de problemas que lhe são importantes e significativos. Propiciando a brincadeira, portanto, cria-se um espaço no qual as crianças podem experimentar o mundo e internalizar uma compreensão particular sobre as pessoas, os sentimentos e os diversos conhecimentos (BRASIL, 1998, p. 28).

O faz de conta, nas suas diferentes formas, particulariza o brincar de uma criança de 4 anos. Como nos diz Lino de Macedo (1995), as fantasias ou os mitos que a criança inventa nas suas brincadeiras ou que pede para escutar reiteradas vezes nos contos de fada que lhe encantam, caracterizam-se por seu potencial de explicar o mundo: possibilitam que a criança compreenda a seu modo os temas de um mundo social cada vez mais complexo. Ao brincar, as crianças recriam o que aprenderam no seu viver, inter-relacionando saberes e construindo uma interpretação própria sobre as diferentes áreas do conhecimento, por meio de uma atividade espontânea e imaginativa.

Assim, o faz de conta tem importância central nos processos de aprendizagem e desenvolvimento que se dão na escola de Educação Infantil:

> De um ponto de vista funcional, a criança – assimilando o mundo como pode ou deseja, criando analogias, fazendo invenções, mitificando coisas – torna-se produtora de linguagens, criadora de convenções. Graças a isso, pode submeter-se às regras de funcionamento de sua casa ou escola. Esta, como sabemos, costuma ensinar os conteúdos das matérias através de um conjunto de signos, convenções, regras ou leis. Mais que isso, como as analogias que possibilitam os jogos simbólicos são convenções motivadas, ou seja, convenções em que o representado tem algo a ver com o representante, a criança pode firmar o vínculo entre as coisas e suas possíveis representações. Com isso, poderá, talvez, na escoa primária, compreender e utilizar convenções como signos arbitrários, isto é, cuja relação representante-representado não seja tão próxima como nos jogos simbólicos (MACEDO, 1995, p. 7).

> Nesse processo, sua **ação** como professor é **fundamental** para ajudar a estruturar o campo das brincadeiras na vida das crianças, oferecendo **objetos, fantasias, brinquedos** ou **jogos**, e criando espaços e tempos para brincar, o que convida ao enriquecimento das competências **imaginativas, criativas** e **organizacionais** infantis.

Nas páginas 94 a 96 do Livro do Estudante, são apresentadas seis fotografias de crianças em seus jogos simbólicos. As imagens são um convite para as crianças falarem sobre o faz de conta, compartilharem ideias e se inspirarem para novas brincadeiras. Depois desse primeiro momento de apreciação de imagens e conversa, é interessante convidar as crianças a construir legendas para cada foto. Sobre isso, veja a orientação mais detalhada a seguir. ■

Páginas **96** e **97**

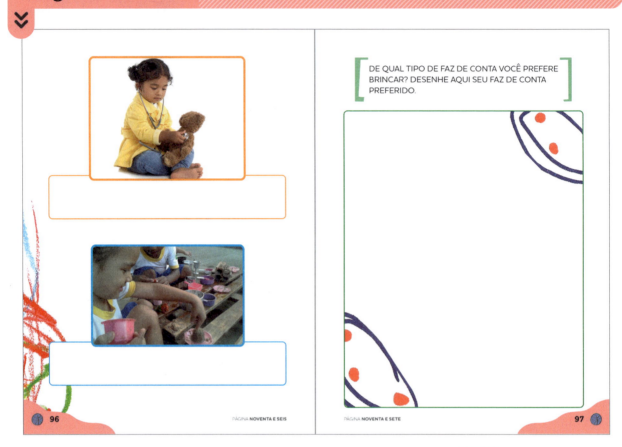

Faz de conta é um tema muito importante na Educação Infantil, devido ao potencial de construção de significados que esta atividade apresenta, a ponto de podermos afirmar, apoiados em Alexei Leontiev, que o brincar consiste na atividade principal da criança pequena:

> Designamos por essa expressão não apenas a atividade frequentemente encontrada em dado nível de desenvolvimento de uma criança. O brinquedo, por exemplo, não ocupa, de modo algum, a maior parte do tempo de uma criança. A criança pré-escolar não brinca mais do que três ou quatro horas por dia. Assim, a questão não é a quantidade de tempo que o processo ocupa. Chamamos atividade principal aquela em conexão com a qual ocorrem as mais importantes mudanças no desenvolvimento psíquico da criança e dentro da qual se desenvolvem processos psíquicos que preparam o caminho da transição da criança para um novo e mais elevado nível de desenvolvimento (LEONTIEV, 1994, p. 122).

É interessante, assim, promover **diálogos** entre a **apreciação** das imagens das três páginas com a experiência das crianças na **construção** de percursos pessoais nas brincadeiras de **faz de conta**.

Para isso, vale planejar uma intervenção em tempos e espaços, criando cantos de atividades, dentro e fora da sala de aula, com materiais que convidem ao jogo simbólico. Ou seja, conjuntos de objetos, utensílios e vestimentas característicos das relações familiares, do preparo de alimentos, dos cuidados com casa e roupa, dos cuidados médicos, dos cuidados com animais, dos personagens de contos de fada e aventura, entre outros.

94

Depois que as crianças tiverem brincado bastante, é a hora propícia para convidá-las à construção de legendas, sempre uma única a cada dia, espaçadas no tempo. E, se possível, com você datando essas produções no livro. Com isso, você evita, por um lado, a sobrecarga e o cansaço em torno da tarefa da escrita e propicia, por outro lado, a construção de uma documentação dos saberes e das estratégias das crianças relacionados à escrita.

Para encaminhar a escrita de legendas é interessante começar retomando a apreciação da imagem em questão e, após uma primeira troca de ideias entre as crianças, convidá-las a encontrar juntas, nesse intercâmbio, uma palavra ou pequena frase que explique o que está acontecendo na brincadeira, como "super-herói", "médica", "brincar com dinossauros" etc.

Depois que todos entrarem em **acordo** sobre a legenda, é hora de pôr **mãos à obra** e escrever.

Não é esperado que as escritas das crianças sejam perfeitas, pois se trata de escritas de crianças de 4 anos. O objetivo aqui é que retratem os saberes e as estratégias de que dispõem:

- Reproduzem o traçado da escrita a mão numa garatuja?
- Usam letras ou grafismos que imitam letras?
- Apresentam na escrita alguma letra que se relaciona com a pauta sonora das palavras?

Ao final do trabalho com as legendas, é interessante promover uma conversa sobre a brincadeira de faz de conta preferida de cada criança e propor que desenhem essa brincadeira na página 97. ■

Páginas **98** e **99**

NA ESCOLA DE IARA, BENJAMIM E HELENA FOI FEITA UMA ENQUETE PARA DESCOBRIR QUAIS AS BRINCADEIRAS PREFERIDAS DAS CRIANÇAS.
VEJA O QUE ELES DESCOBRIRAM:

E NA SUA TURMA? QUAIS SÃO AS BRINCADEIRAS PREFERIDAS? FAÇA UMA ENQUETE E REGISTRE AQUI O QUE VOCÊS DESCOBRIRAM.

QUE TAL BRINCAR DE TODAS AS BRINCADEIRAS FAVORITAS DA TURMA E DESENHAR AQUI A QUE VOCÊ GOSTA MAIS?

As páginas 98 e 99 convidam à realização de uma investigação sobre as brincadeiras preferidas das crianças da turma.

Para dar início a este percurso investigativo, você pode explorar com as crianças o gráfico de brincadeiras preferidas apresentado na página 98, lendo o nome das brincadeiras e perguntando à turma se conseguem descobrir no gráfico qual a brincadeira preferida da turma de Benjamim, Iara e Helena.

Depois dessa conversa, **organize** a turma em pequenos grupos, explicando que cada grupo deve **selecionar** as brincadeiras que mais gostam, para contar aos colegas dos outros grupos depois. Assim, à vontade, em grupos pequenos, cada um poderá falar sobre a **brincadeira preferida.**

Depois que os grupos tiverem tido a oportunidade de conversar e selecionar preferências, é hora de compartilhar em roda de conversa e construir uma lista das brincadeiras preferidas da turma. Propomos que as crianças escolham algumas delas para brincar na semana seguinte e selecionem os materiais necessários para cada brincadeira, de forma que estes estejam disponíveis nos dias combinados.

Ao terminar uma brincadeira, é interessante propor uma conversa para troca de experiências. Para isso, você pode perguntar:

- Todos conheciam essa brincadeira?
- O que acharam dela?
- Alguém brincava de outra forma?
- Onde e com quem brincavam?

Páginas 100 e 101

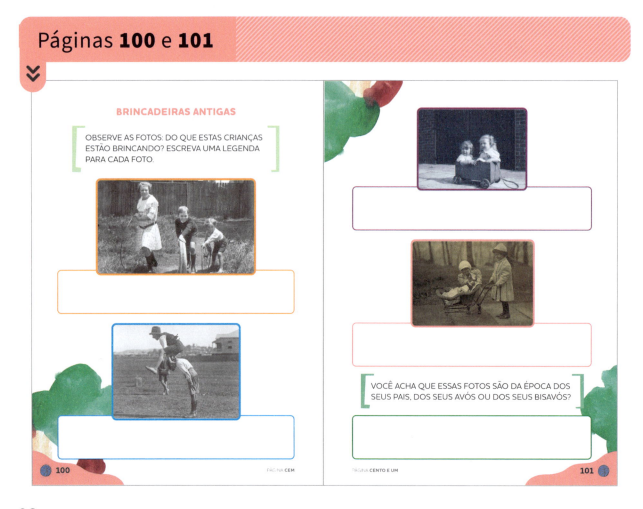

Nestas páginas do Livro do Estudante, outras brincadeiras se apresentam para a apreciação das crianças. Desta vez, são brincadeiras de outros tempos e espaços: brincadeiras antigas, talvez semelhantes às dos seus avós e bisavós, mas que mantêm estreita conexão com o brincar das crianças de hoje em dia.

Explorar uma **cena** de brincadeira em uma **fotografia** traz muitas informações sobre a **época**, o **local**, os **costumes** e os **modos de vida**, ao observar as roupas que utilizam, o panorama da cidade, os postes de iluminação e a tecnologia da foto.

O contexto da brincadeira, tão conhecido das crianças, possibilita aproximá-las da noção de que existiram infâncias antes das delas.

Depois de apreciar as imagens com as crianças e tentar descobrir quais são as brincadeiras ali retratadas, vale propor a pergunta do final da página – Você acha que essas fotos são da época dos seus pais, dos seus avós ou dos seus bisavós? – e registrar as ideias das crianças numa síntese coletiva, que pode alimentar os portfólios da turma e ser colocada em cartazes para marcar um percurso de investigação (sobre isso, veja o projeto que propomos mais adiante). Para a escrita das legendas, é importante seguir os mesmos cuidados apresentados nas páginas 94 e 95 deste Manual do Professor.

Você pode realizar com sua turma um projeto didático em torno das atividades propostas aqui, investigando as brincadeiras de nossos avós. O objetivo deste projeto de investigação é aproximar as crianças da ideia de que o ambiente social que conhecem não foi sempre assim e que os brinquedos e as brincadeiras foram mudando ao longo do tempo.

ETAPA 1

Depois de muito brincar com o repertório das preferidas da turma, é hora de conhecer brincadeiras antigas. Você pode revisitar as imagens

destas páginas e lançar a questão que norteia este projeto:

→ Do que brincavam seus avós quando crianças?

É importante discutir a ideia de que **os avós foram pequenos um dia**. Para isso você pode perguntar:

→ Será que eu (professor) fui criança um dia?
→ O adulto já nasce grande?
→ Todo mundo nasce bebê?

Em uma próxima roda, vale retomar a ideia de que todo adulto foi criança um dia e pensar com a turma sobre do que brincavam os avós quando eram pequenos. É esperado que as crianças imaginem que eles brincavam das mesmas coisas que elas.

ETAPA 2

Agora que as crianças já tiveram a oportunidade de pensar sobre algumas semelhanças e diferenças entre suas brincadeiras e as de crianças de outras épocas, é um bom momento para convidar a turma a descobrir do que brincavam seus avós quando pequenos. Para isso, você pode utilizar a atividade da próxima página, que convida os avós a compartilhar suas brincadeiras de criança.

Quando os livros retornarem de casa com as respostas, você pode convidar a turma a construir uma tabela de brincadeiras, lendo as mensagens na roda e completando o quadro diante de todos. Organizar as informações em tabela favorece a consulta das informações coletadas e possibilita que as crianças observem as mudanças e as permanências entre as brincadeiras dos avós e as atuais.

É possível que as crianças conheçam algumas das brincadeiras de seus avós, mas que nunca as tenham brincado na escola. Nesse caso, é interessante propor uma nova rodada de brincadeiras, que pode ser compartilhada com crianças de outras turmas.

ETAPA 3

Os avós podem ensinar brincadeiras que as crianças desconhecem. Por isso, o professor pode convidar alguns avós (ou pessoas mais velhas) para virem à escola e ensinar alguma dessas brincadeiras.

É importante se organizar para o dia dessa visita, preparando algumas perguntas que ajudem a conhecer mais sobre as brincadeiras antigas.

A atividade proposta na página 102 pode ser realizada dentro do projeto que apresentamos na página 97 deste Manual do Professor ou por si só. Neste caso, é importante organizar rodas de conversa para compartilhar a cada dia uma ou duas respostas, alimentando uma tabela de brincadeiras dos avós, afixada na sala.

Ao final do projeto, ou desta atividade, de acordo com o percurso didático que você escolheu, convide as crianças a desenharem, no espaço reservado a isso na página 102, a brincadeira que aprenderam com os avós e mais gostaram.

Esta atividade convida as crianças a iniciar um percurso de brincadeira, experiência e imaginação sobre outras brincadeiras antigas: as brincadeiras cantadas que fazem parte da cultura oral da infância no Brasil.

A primeira brincadeira apresentada é uma ciranda. "A ciranda é uma dança coletiva que se caracteriza pela movimentação em roda ao som do canto em conjunto, em geral com o uso de instrumentos musicais como ganzá, caixa (ou tarol) e alfaia" (TATIT; LOUREIRO, 2016, p. 20).

Vale a pena conversar com turma sobre outras cirandas que conhecem, fazer a leitura em voz alta da letra e do "como se brinca" e depois cantar e brincar com as crianças.

Depois que todos tiverem brincado bastante, você pode propor uma roda de conversa, investigando com as crianças o que tem de parecido entre essa ciranda e "Ciranda, cirandinha". Para isso, você pode perguntar:

→ Tem palavras parecidas nessas duas cirandas?
→ Será que o anel do cirandeiro, que "brilha mais que o Sol", é o mesmo "anel que tu me destes" de "Ciranda, cirandinha"?

Algumas crianças podem achar "Ciranda, cirandinha" parecida com "Ó cirandeiro, cirandeiro, ó", outras não. Algumas crianças podem achar que é o mesmo anel e outras não. Não há respostas fechadas para essas perguntas, e é importante compartilhar isso com as crianças. Mas o movimento de estabelecer relações entre textos da literatura oral (ou escrita) convida as crianças a uma postura ativa e investigativa com relação aos textos.

Para enriquecer essa proposta, você pode convidar as crianças a observar como se dança "Ciranda, cirandinha" e como se dança a ciranda em Pernambuco, vendo o que há de característico em cada forma de dançar.

 Para isso, você pode assistir a trechos curtos de vídeos com as crianças, de cada uma dessas cirandas, e dançar com a turma. Veja algumas aqui:
Ciranda, cirandinha: <bit.ly/2F2JXQF> (acesso em 5 out. 2020).
Lia de Itamaracá: <bit.ly/2F2COQd> (acesso em 5 out. 2020).

 Músico e avô canta para crianças
No código QR da página 103 do Livro do Estudante, o cantor e compositor carioca Pedro Luís, fundador do Monobloco e da banda Pedro Luís e A Parede (Plap), canta a música "Cirandeiro". Pedro Luís também é avô de Iara, que canta algumas das músicas deste livro.

Páginas 104 e 105

Depois brincar bastante de cirandas, você pode convidar as crianças a conhecer "Boi vaqueiro". Essa brincadeira existe em diferentes lugares do Brasil, com pequenas modificações na letra e na forma de brincar, sendo às vezes conhecida como "Três passará". A versão que apresentamos no Livro do Estudante é típica de Itabuna, na Bahia.

Aqui também é interessante **ler as letras em voz alta** e conversar com as crianças sobre o que se conta ali e dizer a **parlenda** algumas vezes para então investigar o "**como se brinca**" e brincar com as crianças.

Trata-se de uma forma de brincar mais complexa, então, quando forem se organizar para a brincadeira, retome trechos da regra quando notar que há dúvida entre as crianças.

Brinquedos de roda

O educador ou a educadora deve buscar dentro de si as marcas e as lembranças da infância, tentando recuperar jogos, brinquedos e canções presentes em seu brincar. Também deve pesquisar na comunidade e com as pessoas mais velhas as tradições do brincar infantil, devolvendo-as às crianças, pois elas têm importância fundamental em seu crescimento sadio e harmônico. Não se trata de saudosismo, mas sim de proporcionar às nossas crianças a possibilidade de viver sua própria cultura e modo de ser (BRITO, 2003, p. 111).

Você pode pesquisar outras brincadeiras populares, de festas típicas do Brasil, que reúnem música e dança de forma repleta de significado cultural, permeando o cotidiano escolar com esses encontros com a cultura brasileira.

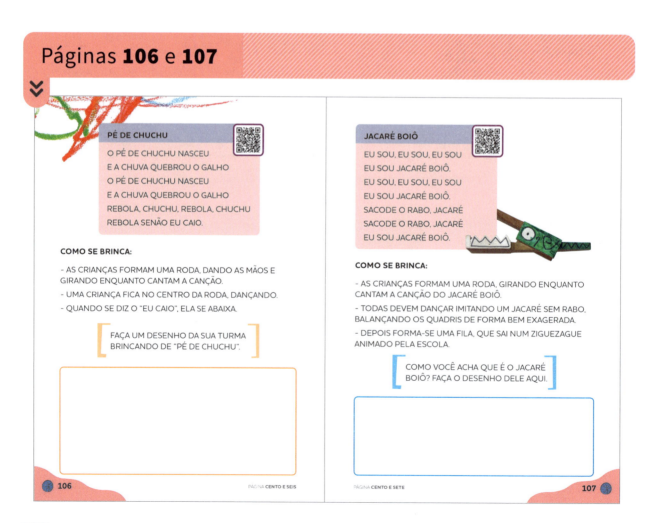

Páginas **106** e **107**

Cantigas e parlendas na voz de crianças

No Livro do Estudante, as cantigas de roda "A canoa virou", "Ciranda, cirandinha", "Pé de chuchu", "Jacaré Boiô" e a parlenda "Boi vaqueiro" são acompanhadas por um código QR. Se você capturar o código com a câmara do celular, vai ter acesso a algo que pode ser muito significativo para sua turma: ouvir as cantigas na voz de outras crianças. Iara Aslanian Monteiro de Oliveira canta "Sapo cururu", "Ciranda, cirandinha" e "Jacaré Boiô", e Helena Castanho Breim canta "Alecrim", "A canoa virou" e "Pé de chuchu", e diz a parlenda "Boi vaqueiro".

Assim que a roda se forma, uma sensação de afeto e intimidade conjunta forma-se com ela. Seja onde for: na roça, na calçada, dentro da escola ou no playground do prédio, a brincadeira de roda convida todos os participantes a se sentirem parte integrante de um todo indivisível, um círculo único girando e cantando pela força desse todo. De norte a sul do Brasil, as brincadeiras de roda são vivas e atuantes, e marcam espaço na infância. Mas não fazem sucesso apenas entre as crianças; adultos das mais diversas regiões muitas vezes cantam e giram entre os pequenos ou em grupos só de adultos (MEIRELLES, 2007, p. 16).

Estas páginas apresentam dois novos convites de roda para as crianças: "Pé de Chuchu" e "Jacaré boiô". Como legítimas representantes da cultura oral de infância do Brasil, essas brincadeiras de roda podem ser encontradas, com pequenas diferenças e ajustes locais, nas diferentes regiões do nosso país.

"Pé de chuchu" é uma brincadeira de roda simples, que encanta as crianças pela atenção que mantém entre seu movimento na dança e a letra canção, pois a criança no centro da roda, que imita o pé de chuchu, deve se agachar quando escuta "senão eu caio".

"Jacaré boiô" é uma brincadeira que desperta muitos risos das crianças pela imagem que traz de um jacaré sem rabo dançando na roda. Ela faz parte de um folguedo popular, o cacuriá, dança típica do folclore nordestino semelhante ao coco de praia, com raízes no Maranhão. As quadrinhas musicais que animam o cacuriá, como "Jacaré Boiô", muitas vezes trazem a imagem de animais conhecidos das crianças, como formigas, gaviões, jabutis, caranguejos, peixes e jacarés.

Todas as músicas das brincadeiras cantadas apresentadas até aqui vão se tornando textos conhecidos de memória das crianças, por isso, voltar a visitar as páginas do Livro do Estudante e ler e reler com as crianças a letra dessas músicas ao longo do ano possibilita que as crianças estabeleçam novas relações e ampliem seus conhecimentos sobre a escrita.

> Depois de **cantar** bastante essas cantigas com as crianças, você pode convidá-las a **inventar** novas letras para a melodia, criando **novas brincadeiras** com movimentos parecidos.

Quer conhecer mais sobre essas duas brincadeiras de roda? Veja como elas são cantadas e dançadas nos links a seguir:
Jacaré boiô: <bit.ly/2FzJKVt> (acesso em: 19 set. 2020)
O pé de chuchu: <bit.ly/33XRQPV> (acesso em: 19 set. 2020)

101

Páginas 108 e 109

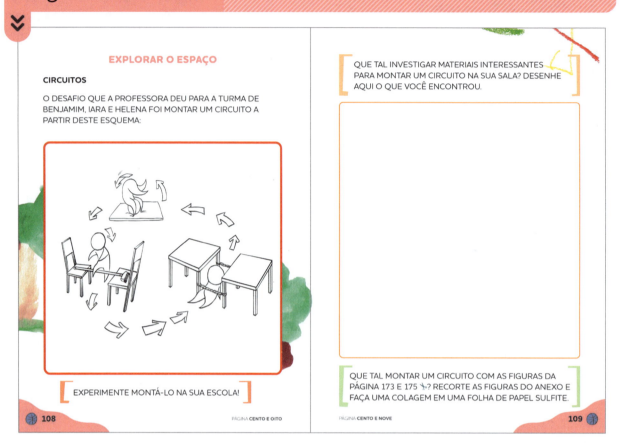

Explorar o espaço, encontrar lugares secretos e fechados, escalar, equilibrar-se, pendurar-se e balançar são necessidades das crianças. A qualidade do desenvolvimento motor é profundamente vinculada ao conhecimento que as crianças adquirem sobre suas ações na interação com o meio, e o movimento é uma importante forma de expressão, fundamental para a construção da identidade. Trabalhar o corpo, em todas suas dimensões, favorece o autoconhecimento, ajudando as crianças a se relacionar com o entorno e com os outros. Nesse sentido, é importante que a organização do ambiente escolar favoreça a movimentação e a exploração do espaço. O mobiliário da sala, por exemplo, pode ser afastado ou reorganizado, dando lugar a uma tenda. Os espaços externos podem ser enriquecidos por meio de intervenções com cordas, pneus ou outros objetos que desafiem as crianças em suas habilidades motoras.

Os circuitos são situações privilegiadas para propor desafios corporais para as crianças, pois consistem na escolha e na organização de "estações motoras" distribuídas por um espaço que as crianças deverão percorrer. Esse tipo de atividade promove a autonomia das crianças e envolve a resolução de diferentes problemas espaciais.

- Como o corpo se move em relação aos objetos e ao espaço?
- Como ajustar o corpo para passar por debaixo da corda ou da mesa?
- Como passar entre os cones sem tocá-los nem derrubá-los?

As crianças enfrentam o desafio de orientar o próprio corpo no espaço e em relação aos objetos e colegas combinando referências topológicas: dentro e fora, em cima e embaixo, à frente, atrás, de um lado e do outro, juntos e separados, perto e longe.

Nas atividades propostas nas páginas 108 e 109, convidamos as crianças a montar um circuito motor em sala a partir da análise de um esquema e da pesquisa de materiais que podem ser usados para organizar um percurso.

Depois que todos tiverem explorado os materiais da sala de aula, você pode propor uma roda e pedir para uma criança por vez falar de um material da sala e um desafio relacionado a ele, como:

- Passar por baixo de uma cadeira, se arrastando no chão.
- Engatinhar por cima de um banco comprido.
- Andar colocando os pés dentro de bambolês etc.

Com todas as ideias compartilhadas, vale listar no quadro as ações e construir com as crianças o circuito, ordenando esses movimentos.

Transportar e organizar os materiais para o circuito envolve a cooperação entre adultos e crianças.

Você pode propor questões como esta às crianças:

- Como carregar sozinho um banco pesado e comprido?

Nessas situações, é importante a sua atuação como coordenadora desses movimentos, apoiando, observando, orientando, ajudando a resolver possíveis conflitos e refletindo com as crianças sobre as necessárias condições de segurança.

Em pequenos grupos, as crianças podem organizar o espaço elegendo e montando as estações, reunindo os materiais necessários e decidindo quais movimentos fazer.

Depois de montar as estações no espaço, é possível fazer uso de uma sinalização gráfica, incluindo setas feitas com giz no chão, para indicar a direção das mudanças de estação, favorecendo assim a orientação e o deslocamento das crianças. ■

Páginas 110 e 111

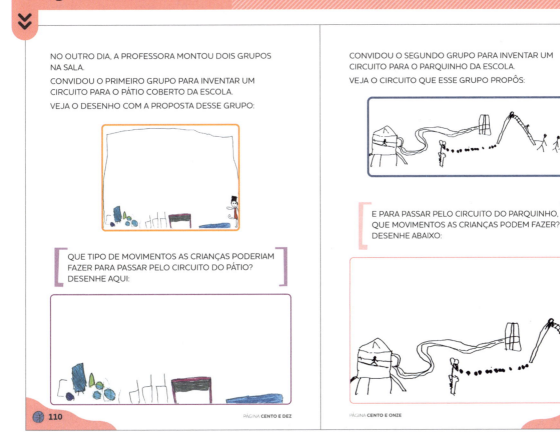

103

As propostas das páginas 110 e 111 convidam as crianças a interpretar representações, feitas por outras crianças, dos objetos de um circuito e as formas de percorrê-lo, que funcionam como mapas informando as transformações feitas no ambiente para dar lugar ao percurso.

Interpretar uma representação gráfica e **representar** objetos do espaço tridimensional em um plano de duas dimensões, como uma folha de papel, são **competências fundamentais** para o **desenvolvimento** das crianças e um **instrumento potente** para adquirir novos **conhecimentos**.

As representações espaciais (esquemas, desenhos, mapas) substituem a percepção e a ação imediatas sobre o ambiente, comunicando informações espaciais. Desenhar cria problemas próprios da representação para provocar, intencionalmente, o início da conceituação de alguns aspectos do ambiente físico. Temos aqui uma possibilidade de iniciar as crianças nos primeiros conhecimentos geométricos.

Ao analisar as representações é interessante discutir os pontos de vista adotados pelas crianças ao desenhar seus circuitos. Por exemplo:

- Uma mesa, quando vista de cima, permite ver os pés ou não?
- E o que vamos ver se olharmos a mesa de lado?

Esse tipo de atividade pode ser proposto o ano inteiro. Periodicamente, você pode convidar a trocas de ideias entre as crianças sobre os desafios que os circuitos representados parecem apresentar (incluindo novas representações de crianças, além das disponíveis no livro).

Você pode também construir uma lista coletiva dos desafios representados nos desenhos e, com as crianças, ir acrescentando outros, à medida que diferentes circuitos são explorados pela turma. Essa lista pode ser organizada na forma de uma tabela, reunindo os desafios a partir do material utilizado para construí-los.

Cada material possibilita **diferentes interações** com o espaço e diversos níveis de **desafio** motor.

Os bambolês, por exemplo, podem ser usados para saltar de diferentes maneiras, andar em suas bordas ou para correr entre eles. Uma tábua pode servir para montar uma rampa, para subir ou descer de um banco ou como uma ponte, para passar por cima ou por baixo, saltando ou rastejando. É possível também andar sobre pneus equilibrando-se, subir e caminhar sobre um banco, rolar ou virar cambalhota em um colchonete, caminhar entre cordas dispostas no chão ou andar sobre elas, saltar ou passar por baixo de uma corda, entre tiras de tecido ou sob um elástico esticado entre duas mesas, em diferentes alturas. ■

ACERVO DAS AUTORAS

Páginas **112** e **113**

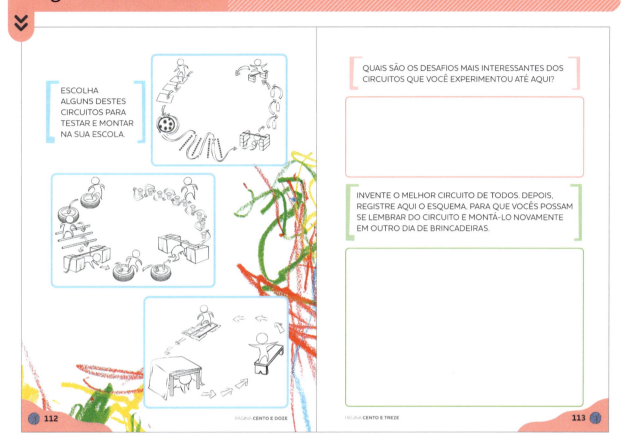

Nas páginas 112 e 113 o convite é para analisar novas representações e construir coletivamente o melhor circuito de todos.

É importante retomar a lista ou tabela construída na atividade anterior e, a partir do que a turma registrou ali, investigar as representações de circuito apresentadas. Para isso você pode fazer uso de perguntas como estas:

- Os movimentos que nós anotamos aparecem nesses circuitos?
- Tem materiais novos nesses circuitos?
- Será que temos materiais como esses ou conseguimos improvisar?
- Quais são os movimentos mais interessantes e desafiadores?
- Será que o circuito pode ser uma espécie de aventura?
- Vamos imaginar o melhor circuito aventura de todos?

Convide, então, as crianças a ditar um percurso para você. Quando descrevem movimentos e caminhos percorridos nos circuitos, crianças costumam utilizar termos menos precisos, como "perto de", "ao lado de" etc., então você pode aproveitar essas situações para começar a utilizar um vocabulário mais específico, como "direita" e "esquerda". Por exemplo: passar à direita da corda, à esquerda da caixa, por cima do banco, por baixo da mesa e saltar dentro dos bambolês.

Depois que todos estiverem **satisfeitos** com o **circuito imaginado**, é hora de **montá-lo** na sala ou no espaço externo, **seguindo os cuidados** que discutimos anteriormente.

Quando tudo estiver pronto, vale organizar a sala em grupos. Enquanto um grupo realiza o trajeto, os demais observam se estão fazendo o

105

caminho correto. Em seguida, todos se reúnem para analisar as dificuldades que podem ter surgido.

Depois de conversar sobre a experiência de fazer o circuito, é uma hora propícia para convidar as crianças a representá-lo no espaço reservado a isso no livro, guardando memória do "melhor circuito de todos" que construíram juntos.

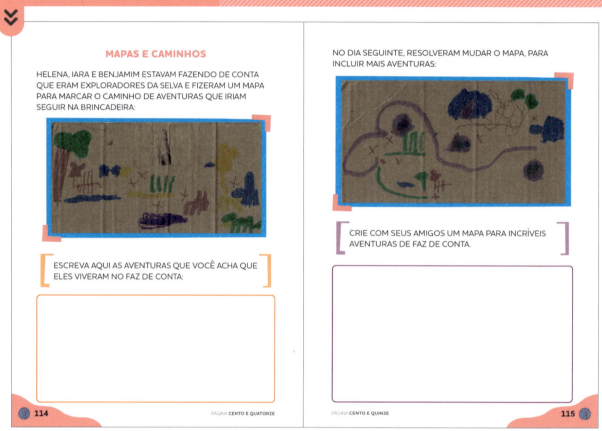

No princípio era o mapa. Robert Louis Stevenson o desenhou no verão de 1881, para entreter Lloyd Osbourne, seu filho de 12 anos, num feriado chuvoso com a família, na Escócia. Ele mostra uma ilha com costa acidentada de bosques, picos, pântanos e enseadas. Alguns nomes de lugares estão marcados, e falam de aventura e desastre: Monte do Espião, Túmulos, Ilha do Esqueleto. A caligrafia é hábil, confiante – no extremo sul da ilha está uma intrincada rosa dos ventos e o esboço de um galeão a todo vapor. Os números indicam a profundidade em braças do mar circundante e há avisos para os marinheiros: "maré forte aqui", "areia movediça". E no coração da ilha está uma cruz vermelha de sangue, próximo da qual está rabiscada a legenda "baú do tesouro" (MACFARLANE, 2018, p. 95, tradução nossa).

No princípio era o mapa...

A nossa experiência no mundo é fortemente marcada por nossa relação com o espaço. Um espaço que as crianças conhecem de cor ao andar, correr, brincar, estar em casa e na escola. Ao viver, as crianças mapeiam um espaço geográfico definido, mas também espaços de vida, aprendizados e afetos. Conhecer onde nossa vida se dá proporciona um sentido de orientação e pertencimento,

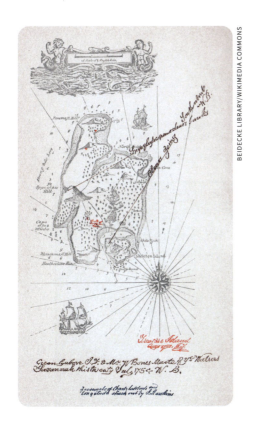

O convite das atividades destas páginas é apreciar esses mapas de aventuras criados por crianças de 4 anos e criar os próprios mapas para brincar. Quando os mapas estiverem prontos, é importante propor rodas em que as crianças possam compartilhar suas produções e ouvir a apreciação dos colegas. Depois da roda, podem fazer algum ajuste, se quiserem, e então a ideia é brincar muito com os mapas.

Você pode ampliar essa atividade com rodadas de apreciação de outros mapas de lugares imaginados na literatura, disponíveis no material complementar ao Manual do Professor em PDF, perguntando às crianças que aventuras elas podem imaginar a partir do que é mostrado em cada mapa.

e, logo, alguns aspectos da paisagem se tornam pontos de referência.

No jogo simbólico e no faz de conta, esse espaço se transforma, surgem castelos, florestas e mares onde antes havia pátios, parques e salas. Os mapas de espaços imaginados preservam no papel essas transformações mágicas, que podem ser a gênese de uma obra literária que encanta gerações, como A Ilha do Tesouro, de Stevenson, e que são cotidianamente vividas pelas crianças pequenas de 4 e 5 anos.

 No material complementar, você encontrará em tamanho grande esse mapa da **Ilha do Tesouro**, de Stevenson, o mapa do livro **O Mágico de Oz**, o mapa do **País das Maravilhas**, de Alice, o mapa do **Sítio do Picapau Amarelo**, entre outros.

Depois de apreciar os mapas que os autores de livros literários criaram para ambientar suas histórias, você pode convidar a turma a planejar e construir um único mapa com as aventuras imaginadas por todos. Esse mapa pode ficar afixado na sala e inspirar muitas brincadeiras. ▪

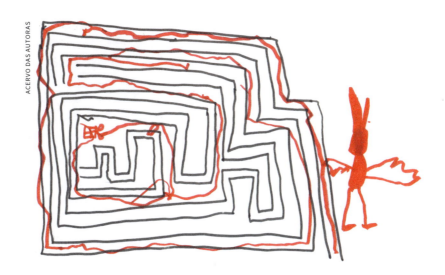

107

Páginas **116** e **117**

Construir com diferentes materiais é uma excelente oportunidade para **investigar** relações entre objetos, espaço e movimento.

Tocos de madeira, tecidos, caixas e tubos de papelão, canos de PVC, bobinas de linha, caixotes, objetos transparentes ou translúcidos, latas, gravetos, folhas e sementes desafiam as crianças a explorar possibilidades para construir e atribuir diferentes significados aos objetos.

O psicólogo russo Leontiev (1994, p. 131) chama de "brinquedos de largo alcance" objetos não estruturados, como blocos de madeira, elementos da natureza, sucatas, que nas brincadeiras das crianças podem adquirir diferentes significados. Um bloco de madeira ora pode ser um cavalo,

108

ora uma ponte ou a parede de um castelo. Esses objetos, que potencializam as experiências criativas das crianças, podem ser utilizados para a criação de cenários lúdicos variados.

O primeiro passo é **pesquisar** e **selecionar** materiais que possibilitem diferentes tipos de **construção**. Depois, propor que as crianças explorem os **materiais** e os **espaços** para construir. Acrescentar alguns **brinquedos** como carrinhos ou pequenos **animais** costuma **enriquecer** a criação de cenários para brincar.

Durante as atividades de construção, você pode incentivar as crianças a refletir sobre suas ações, convidando-as, por exemplo, a avaliar que tipo de objeto podem usar para fazer as colunas que sustentam um viaduto e qual seria a distância necessária entre elas para que um determinado caminhão possa passar por de baixo. Você pode fazer perguntas também sobre as características dos objetos selecionados para construir:

- Quais desses objetos são melhores para empilhar?
- Quais são melhores para fazer muralhas?
- E para fazer ruas? Por quê?

É interessante também propor atividades de construção em pequenos grupos ou duplas para favorecer tanto o intercâmbio verbal como a adequação da própria ação em função da participação do colega. Uma possibilidade é propor que, em grupos, as crianças planejem a construção de um túnel ou labirinto dentro do qual possa passar uma bolinha. Ou que planejem a construção de uma garagem onde possam circular ou estacionar carrinhos. Dessa forma, as crianças podem antecipar ações antes de realizá-las.

Depois de as crianças terem participado de muitas experiências de construção, podem interagir com as imagens das páginas do Livro do Estudante e pensar em como continuar a construção iniciada pela criança que aparece na foto da página 116 e como poderiam brincar com a construção com pedras da página 117.

Desenhar **construções ou brinquedos** para brincar sobre as **fotografias** coloca para as crianças o problema da **proporção entre os objetos** fotografados e os desenhados, além de como representar **objetos tridimensionais** em uma **folha bidimensional**.

Para enriquecer essa proposta, você pode fotografar construções (feitas pelas crianças ou construções de seu bairro ou cidade), sob diferentes pontos de vista, e propor que, em grupos, as crianças as representem por meio de um desenho. Depois dos desenhos prontos, é importante organizar um momento coletivo para apreciar e analisar como cada grupo resolveu o problema de representar a construção fotografada e conversar sobre como fizeram para manter as características da construção, isto é, analisar a posição e a proporcionalidade entre as peças utilizadas para construir ou dos elementos que fazem parte da construção fotografada. Nesse momento, você pode questionar as crianças:

- O que está ao lado do bloco vermelho?
- A janela da casa é maior ou menor do que a porta?

Páginas **118** e **119**

Construir envolve um processo criativo, mediado pelo espaço e pelos objetos disponíveis. As imagens apresentadas nas páginas 118 e 119 funcionam como convite, uma inspiração para as crianças criarem as próprias construções, usando objetos de diferentes tamanhos, de diversas texturas e maleabilidade. Por isso é tão importante que a escola tenha um espaço destinado a colecionar diferentes tipos de materiais.

O espaço destinado à construção também precisa ser considerado. Uma mesa pode ser um bom local para construir com pequenos materiais, mas não é adequada para se construir uma torre bem alta.

Além do espaço e da variedade de peças para construir, ao planejar atividades de construção é importante considerar a quantidade de objetos disponível. Para que possam concretizar um projeto de construção, as crianças precisam de uma quantidade razoável de peças. Se o material for insuficiente para toda a turma, é preferível disponibilizá-lo para um pequeno grupo do que distribuir um pouquinho para cada um. Uma alternativa é organizar simultaneamente na sala diferentes cantos de atividades – desenho, leitura, jogos de regras, construção – e propor que as crianças rodiziem entre eles.

Uma forma de enriquecer ainda mais as construções e possibilidades de representações das crianças é acrescentar elementos de luz e sombra. Você pode usar, por exemplo, um data show ou um retroprojetor antigo e projetar alguma imagem na parede para que as crianças explorem as sombras de suas construções sobre ela. ∎

ACERVO DAS AUTORAS

110

Páginas **120** e **121**

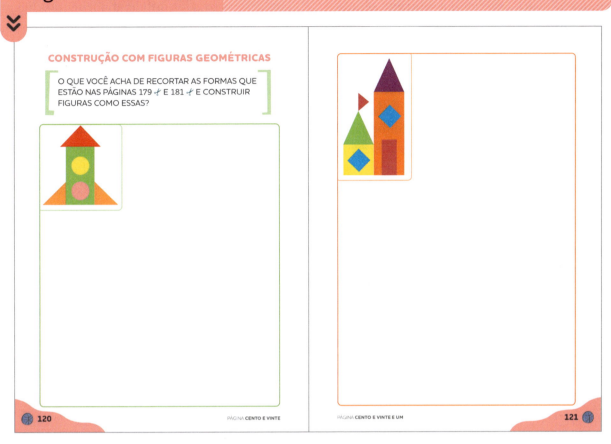

As atividades das páginas 120 e 121 propõem um novo tipo de construção para as crianças: reproduzir uma configuração de figuras geométricas.

O objetivo desse tipo de proposta é que as crianças selecionem **figuras geométricas** adequadas para reproduzir uma configuração, considerando as **relações espaciais entre elas**; isto é, qual está em cima de qual, qual está em baixo, qual está sobre a outra, qual está ao lado de qual etc.

Para realizar a atividade é importante já ter as figuras recortadas. É provável que as crianças precisem de ajuda para recortá-las. Uma possibilidade é propor que cada criança leve seu livro para casa junto com um envelope e, com a ajuda de familiares, recortem as figuras das páginas 179 e 181 do anexo e tragam para a escola no dia seguinte.

No momento da atividade, organize as crianças em quartetos e coloque no centro da mesa uma caixa em que serão compartilhadas as figuras geométricas previamente recortadas.

Proponha que, primeiro, montem o foguete da página 120 e só depois colem as figuras. Assim, o primeiro desafio é buscar na caixa que está no centro da mesa as figuras necessárias para compor o foguete. Em seguida, precisam pensar em como posicioná-las para montar um foguete como o modelo. E, por fim, colá-las, mantendo a construção que fizeram.

Depois de colar, as crianças precisarão deixar os livros abertos para a cola secar. Em outro dia, você pode organizar uma roda para apreciar as composições e analisar quais aspectos foram considerados. Só depois proponha a construção da casinha da página 121, pode ser inclusive em outra época do ano.

111

Uma variação possível que enriquece esse tipo de proposta é entregar para as crianças uma configuração plana e propor que utilizem blocos de construção para reproduzi-las. Veja dois exemplos:

Mais uma vez, ao final da atividade é importante organizar um momento coletivo para observar as construções e confrontá-las com o modelo, analisando os aspectos que foram considerados na reprodução.

Mais adiante, as crianças podem fazer uma construção em um pequeno grupo, representá-la e depois enviar a representação para que outro grupo – que não viu a construção – a reproduza com os blocos que considerar necessários.

As dificuldades próprias das representações bidimensionais de objetos tridimensionais podem ser objeto de análise e reflexão grupal. Você pode propor perguntas, como:

- O que um desenho precisa ter para que outro grupo não confunda o bloco que deve utilizar e em que posição ele deve ficar?

O sentido de propor essa situação é promover reflexões sobre algumas condições que a representação bidimensional precisa ter para serem reproduzidas pelos colegas. Sabemos que as crianças, na maioria das vezes, não conseguem realizar suas representações reproduzindo formas, tamanhos e posições com exatidão.

Páginas **122** e **123**

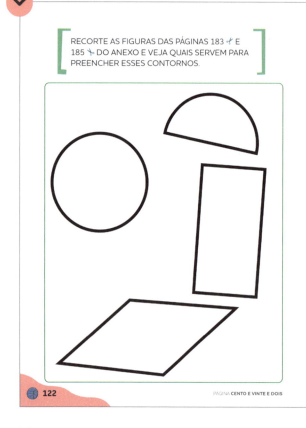

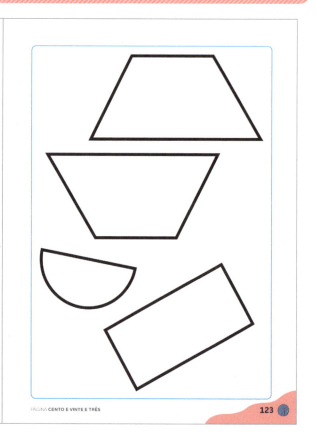

112

As atividades das páginas 122 e 123 seguem problematizando as relações entre figuras geométricas planas.

O desafio agora é combinar diferentes figuras para preencher um contorno.

Todas as figuras das páginas 183 e 185 do anexo têm a mesma cor e há uma quantidade maior de figuras do que as necessárias para cobrir o contorno apresentado. Para recortar as figuras, você pode seguir o mesmo encaminhamento apresentado na página 111 deste Manual do Professor. Os tamanhos se relacionam com os contornos, mas, para cobri-los, as crianças precisarão combinar diferentes figuras. Há semicírculos, quadrados, triângulos equiláteros e retângulos, paralelogramos e trapézios.

Novamente, organize a turma em grupos de 4 e coloque no centro da mesa uma caixa com as figuras do anexo previamente recortadas.

Diferentemente da atividade anterior, o contorno das figuras em linhas grossas permite que a própria criança observe o resultado de suas decisões, isto é, avalie por seus próprios meios se a figura que escolheu para preencher o contorno é adequada ou não.

Páginas 124 e 125

Carimbos podem ser feitos com diferentes materiais. Os das páginas 124 e 125 do Livro do Estudante foram feitos com tinta guache e bexigas de aniversário, cheias com um pouco de água, e com batatas, esculpidas e molhadas em tinta guache, respectivamente. Mais uma vez, a ideia é que as páginas do livro sejam um convite à exploração.

Antes de propor que as crianças desenhem sobre as páginas carimbadas, conte que são fotografias de carimbos feitos por outras crianças de 4 anos. Você pode fazer algumas perguntas para incentivar a conversa e a observação das crianças:

- Quem já fez carimbo?
- Sabem como funcionam?
- Como vocês acham que as crianças fizeram para obter essas marcas que carimbaram aqui?

Você pode contar para elas quais foram as técnicas utilizadas e convidá-las para experimentar esse tipo de carimbo. É importante que a crianças tenham a sua disposição folhas de diferentes tamanhos para poder fazer uma exploração mais rica.

Depois que as crianças tiverem experimentado as técnicas, proponha que **observem** as imagens formadas pelos carimbos que estão nas páginas do livro. **Convide-as** então a **desenhar**.

Além das bexigas com água e pedaços de batata, cortiça, espuma, tocos de madeiras e mesmo caixas são ótimos materiais para carimbar.

Você pode organizar situações para que as crianças explorem as formas que conseguem obter passando tinta guache nas várias faces de caixas ou blocos de espuma.

A ideia é que **observem** as **diferenças** e **relações** entre figuras espaciais e planas e **diferenças** e **semelhanças** entre as faces de uma mesma figura espacial.

A atividade de carimbos pode ser proposta em momentos diversos ao longo do ano para que as crianças explorem bem essa técnica. É possível que elas inicialmente "arrastem" o objeto sobre a folha, não obtendo um carimbo da face da figura.

Posteriormente, depois que as produções das crianças estiverem secas, você pode organizar uma **exposição** para **apreciação dos resultados**.

Elas podem contar como fizeram seu trabalho, que objetos escolheram para carimbar, como carimbaram, isto é, os procedimentos que usaram.

Em outro momento, você pode entregar para cada criança apenas um objeto para carimbar e propor que carimbem usando todas as faces, uma por vez. Depois da tinta seca, comparem as produções e conversem sobre as formas obtidas. Para favorecer a análise coletiva, você pode fazer perguntas como:

- Com qual objeto eu posso obter esse carimbo? Por quê?
- Qual desses objetos tem uma das faces redondas (circular)?
- Qual objeto tem uma face em forma de triângulo?

Outra possibilidade é colocar sobre a mesa alguns dos objetos utilizados para fazer carimbos e entregar para as crianças uma folha já carimbada. As crianças terão que se descobrir qual objeto foi utilizado para fazer o desenho e procurar entender como você os apoiou para fazer o carimbo. ■

Páginas **126** e **127**

Jogo do caracol

Muitas habilidades de numeracia emergem simultaneamente com as habilidades de literacia, abrindo caminho para competências matemáticas mais complexas que se instalarão depois mediante instrução formal. A numeracia não se limita à habilidade de usar números para contar, mas se refere antes à habilidade de usar a compreensão e as habilidades matemáticas para solucionar problemas e encontrar respostas para as demandas da vida cotidiana (NATIONAL MATHEMATICS PANEL, 2008 *apud* BRASIL, 2019, p. 24).

Jogos de percurso ou trilha, como são conhecidos em alguns lugares, são um ótimo contexto para desenvolver habilidades de numeracia e literacia simultaneamente, pois colocam vários desafios numéricos e de leitura para a criança pequena.

Para mover seu peão tantas casas quanto indicadas no dado, as crianças precisam guardar na memória o número obtido no dado e reproduzir essa quantidade, com movimentos do peão. Além disso, cada jogador precisa controlar a contagem para não "passar" da casa em que deve parar. Para isso, precisa contar as casas uma a uma, relacionando-as com o movimento do peão.

É importante lembrar que as crianças pequenas estão começando a **trabalhar em grupo**, assim, aprender a esperar sua vez e seguir as **regras** são **aprendizagens** importantes nesse momento.

A organização do espaço, do tempo e das crianças para o jogo influi no andamento da proposta. Por isso, é importante prever um local adequado

115

para jogar. Colocar o tabuleiro no chão costuma ser bom, pois as crianças podem se movimentar mais livremente e jogar o dado próximo a elas.

A aparência do jogo também é relevante: as crianças preferem jogos visualmente atraentes. O momento do jogo é um momento especialmente rico, tanto para o professor como para as crianças. Nesta etapa, é importante observar os diferentes grupos, retomando as regras do jogo para aquelas que não as compreenderam ou as esqueceram.

> Para que as crianças se **familiarizem** com esse tipo de **jogo**, é importante que joguem **diversas vezes**, em dias diferentes.

Quando as crianças já tiverem mostrado maior familiaridade com o jogo, é possível fazer algumas intervenções para que reflitam sobre determinados aspectos, tendo o cuidado para não interromper continuamente o jogo. Você pode perguntar, por exemplo:

- Quem está ganhando?
- Como vocês fizeram para saber disso?

A observação dos momentos de jogo permite planejar intervenções mais ajustadas às necessidades das crianças. É comum, por exemplo, que em jogos desse tipo as crianças pequenas digam "um" contando a casa em que estão. Se você observar esse tipo de ação, pode organizar uma roda para conversar entre todos sobre essa situação:

- O que acontece no jogo quando tiramos 1 no dado?
- Ficamos no mesmo lugar ou avançamos uma casa?

O tabuleiro do Jogo do Caracol na página 127 foi confeccionado originalmente pelos ticuna, indígenas que vivem na região amazônica, para ensinar a língua materna para suas crianças. Por isso o destaque do nome dos animais que aparecem no tabuleiro.

É um jogo simples, com percurso mais curto, para que as crianças pequenas se animem a brincar até o final da partida sem esperar por muito tempo. O tema do jogo são animais da Amazônia e a proposta é que, ao parar em uma casa com um desses animais, as crianças os imitem, fazendo sons e movimentos. Se você julgar que essa atividade se torna cansativa e não anima as crianças a jogá-lo, é possível modificar as regras, propondo apenas que digam o nome do animal que está na casa em que pararam.

 Para saber mais sobre o trabalho com jogos de percurso, leia o artigo **"Jogos de Percurso: Contribuições para o ensino da matemática na Educação Infantil"**, de Priscila Monteiro, no site: <bit.ly/3kqeKps> (acesso em: 16 set. 2020).

ACERVO DAS AUTORAS

116

Páginas **128** e **129**

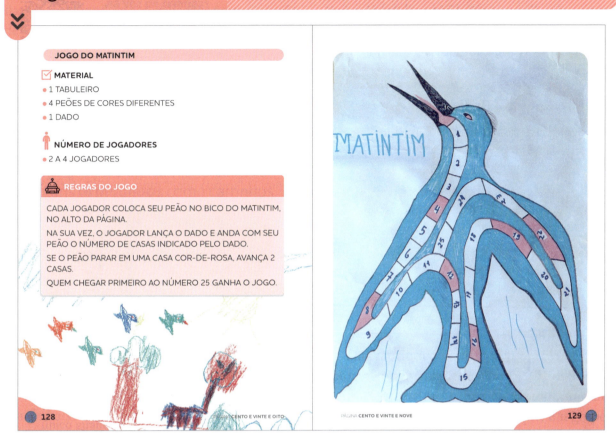

JOGO DO MATINTIM

O Jogo do Matintim, cujo tabuleiro também foi confeccionado pelos ticuna, retoma aprendizagens anteriores, ao mesmo tempo que aumenta o desafio. Esse tabuleiro envolve a série numérica como condição para realizar o deslocamento e tem casas especiais, as cor-de-rosa, em que o jogador avança duas casas na trilha.

Ao jogar o Jogo do Matintim, as crianças movimentam seu peão tantas casas quanto o dado indica. Nesse sentido, pode parecer que não precisem considerar a ordem numérica, mas, ao jogar o dado e caminhar na trilha, precisarão aceitar que o número da casa não corresponde à quantidade obtida no dado.

Conforme as crianças avançam no jogo, ou para um determinado grupo de crianças, você pode apresentar novos desafios. Pode propor, por exemplo, que joguem utilizando dois dados, somando os números de cada um. Nesse caso, o jogo ocorrerá de maneira mais rápida e pode ser importante apresentar novos tabuleiros com trilhas um pouco maiores.

Os jogos de percurso, assim como outros jogos com dados, são bons contextos para observar as estratégias empregadas pelas crianças para contar:

- → Elas precisam contar todos os pontos do dado?
- → Elas reconhecem os pontos sem contar?
- → Elas deslocam corretamente o peão no tabuleiro? Isto é, correspondem um deslocamento para a casa seguinte a cada número contado?

É importante, de tempos em tempos, propor rodas de conversa para **compartilhar as estratégias** de contagem utilizadas pelas crianças.

Assim como no Jogo do Caracol, o Jogo do Matintim é um contexto interessante e significativo de

117

leitura para as crianças. Isso ocorre, por exemplo, quando você compartilha as regras com a turma na etapa de apresentação do jogo que, posteriormente, são consultadas pelas crianças para esclarecer impasses e dúvidas nas partidas. Ocorre, também, no jogo do Caracol, nas casas em que é preciso dizer o nome do animal que aparece na legenda do tabuleiro. Nesses momentos, as crianças experimentam ler, ainda que não convencionalmente, um texto de cujo conteúdo já se apropriaram.

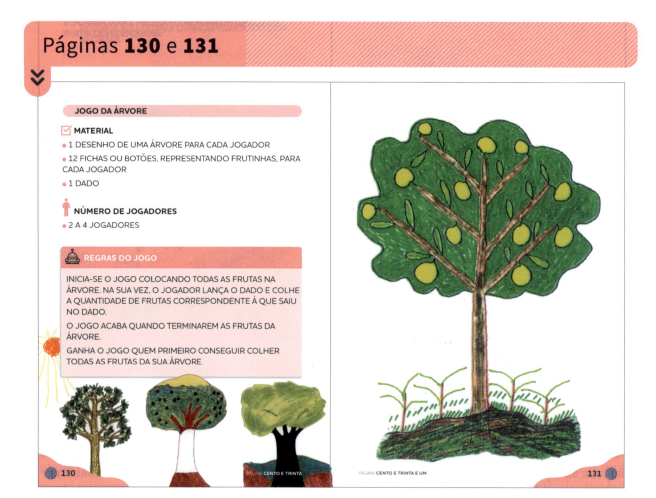

Páginas **130** e **131**

Os jogos que convidam a comparar objetos ou grupos de objetos segundo a relação "tantos ... quanto", como jogo da árvore, são muito relevantes para as crianças pequenas. Por um lado, são eles que iniciam as crianças na aceitação de regras. Por outro, esse tipo de jogo possibilita que as crianças comecem a tratar coleções de objetos de um ponto de vista quantitativo. Como sabemos, as crianças comparam quantidades desde bem pequenas, no entanto, costumam fazer isso de maneira global e qualitativa, em situações que, geralmente, não exigem uma comparação mais precisa: quero muitos; ela tem muitos e eu tenho pouquinho etc.

As crianças estabelecem as primeiras aproximações para comparação quantitativa de objetos ao confrontar duas coleções de acordo com a relação "tantos ... quanto", isto é, estabelecendo uma relação de equivalência. No Jogo da Árvore, elas precisam pegar tantas frutas quanto o indicado no dado.

Para poder jogar os diferentes jogos apresentados nesta e nas próximas páginas, você pode combinar com as crianças de realizar uma coleção de tampinhas de garrafa pet ou de botões. Essa coleção pode se constituir em um bom contexto de contagem.

118

Propomos o projeto "colecionadores" porque oferece várias oportunidades para que as crianças progridam na contagem e na sobrecontagem, e porque permite anotar e ler diferentes números. À medida que a coleção – grupal ou individual – aumenta, as crianças enfrentarão o problema de contar quantidades de objetos cada vez maiores e escrever e interpretar números cada vez mais altos. Efetivamente, os colecionadores realizam uma variada gama de atividades ao longo deste projeto: contam seus objetos periodicamente, anotam os resultados parciais, procuram formas alternativas de agrupar os elementos quando estes chegarem a grandes quantidades etc. (WOLMAN, 2000, [s.p.]).

Nos jogos em que é necessário comparar coleções, as crianças costumam resolver a questão exigida pela regra de diferentes maneiras, colocando em ação os próprios conhecimentos prévios. Geralmente começam utilizando procedimentos muito simples e, aos poucos, vão conquistando novas maneiras de comparar quantidades, mais precisas e econômicas.

No Jogo da Árvore, para saber quem ganhou, é preciso comparar a quantidade de frutas recolhidas pelos jogadores.

Para resolver essa **tarefa**, as crianças utilizam três maneiras principais: **correspondência** termo a termo, **contagem** e **percepção** global da quantidade. Leia mais sobre elas a seguir.

Além de saber quem tem mais frutas, você pode propor que as crianças estabeleçam a ordem dos vencedores. Isso permite começar a construir o aspecto ordinal nos primeiros quatro números, estabelecendo relações do tipo "maior que", "menor que".

É importante apontar que os procedimentos de contagem e percepção podem aparecer simultaneamente. Isso significa que um procedimento não é mais evoluído do que o outro. Algumas crianças, por exemplo, realizam a contagem para certas quantidades e escolhem a percepção para outras, dependendo do tamanho da coleção, do tipo de objeto e de sua disposição espacial.

O jogo Todos se Foram foi proposto por Constance Kamii no livro *Jogos em grupo na educação infantil: implicações da teoria de Piaget* (2009). Assim como no Jogo da Árvore, as crianças enfrentam o desafio de comparar quantidades. Como foi dito, para realizar essa tarefa as crianças costumam utilizar três procedimentos básicos:

1. A **correspondência termo a termo** é um procedimento disponível para crianças que ainda não contam. Diante da regra de tirar tantas tampinhas quanto os pontos indicados no dado, algumas crianças vão apoiando seus dedos em cada ponto do dado e vão pegando as tampinhas. Este procedimento de resolução é um dos primeiros que as crianças constroem.

2. A **contagem** é um procedimento numérico, pois envolve a quantificação de cada coleção com base na sequência ordenada de números.

119

Quantificar significa estabelecer um numeral para nomear essa coleção. Em outras palavras: quando respondemos à pergunta: quantos? E atribuímos um valor numérico para a coleção que estamos quantificando.

3. A **percepção global da quantidade** é o procedimento em que, diante de algumas pequenas quantidades, por exemplo, as faces 1, 2 e 3 do dado, as crianças não precisam contar. Basta que olhem a organização espacial das bolinhas do dado para deduzir o valor daquela quantidade.

Para saber mais sobre o tema, vale a pena ler o livro *A criança e o número: implicações educacionais da teoria de Piaget para a atuação junto a escolares de 4 a 6 anos*, de Constance Kamii (1982).

Mesmo após 38 anos da publicação da primeira edição de *A criança e o número*, algumas questões levantadas por Constance Kamii permanecem atuais e devem ser estudadas pelos educadores que trabalham com a Educação Infantil. O livro aborda os processos envolvidos na construção do conceito de número pelas crianças e ajuda o professor a observar como elas pensam, a fim de entender a lógica existente nos erros que cometem.

Com propriedade, a autora defende que, diferentemente do que algumas interpretações indicam, desenvolver e exercitar os aspectos lógicos do número com atividades pré-numéricas (seriação, classificação e correspondência termo a termo) é uma aplicação equivocada da pesquisa de Jean Piaget (1896-1980). Na realidade, o cientista suíço tinha preocupações epistemológicas, e não didáticas.

> Sabe-se que as **noções numéricas** são desenvolvidas com base nos **intercâmbios** dos pequenos com o **ambiente** e, portanto, **não dependem** da autorização dos adultos para que ocorram.

Ninguém espera chegar aos 6 anos para começar a perguntar sobre os números. O texto enfatiza que uma criança ativa e curiosa não aprende Matemática memorizando, repetindo e exercitando, mas resolvendo situações-problema, enfrentando obstáculos cognitivos e utilizando os conhecimentos que sejam frutos de sua inserção familiar e social.

Ao mesmo tempo, os avanços conquistados pela didática da Matemática nos permitem afirmar que é com o uso do número, da análise e da reflexão sobre o sistema de numeração que os pequenos constroem conhecimentos a esse respeito.

> Também merecem destaque algumas **posturas** que o professor deve levar em conta ao propor **atividades numéricas**, como **encorajar** as crianças a colocar objetos em **relação**, pensar sobre os números e **interagir** com seus colegas.

120

O jogo "Os passarinhos" apresenta o desafio de registro de pontos e da leitura desses registros para decidir quem ganhou.

Para confeccionar esse jogo as crianças precisarão recortar as imagens de passarinhos disponíveis nas páginas 187 e 189 do anexo do Livro do Estudante e encaixá-las dentro de tampinhas de garrafa pet. Para isso, precisarão da ajuda de um adulto. Como indicado em outros casos, você pode propor que levem os livros para casa e construam o jogo com ajuda de um familiar.

Durante o jogo, você pode encorajar as crianças a encontrar diferentes maneiras de anotar seus pontos. Numa primeira etapa, mais exploratória, nem todas as crianças encontrarão formas precisas de fazer o registro. Às vezes acontece de as crianças anotarem os pontos e não escreverem a quem pertencem. Essa situação é uma oportunidade interessante para conversar sobre a importância dos nomes num registo de jogo. Essa relação também acontece em um jogo de boliche em que as crianças precisam marcar quantas garrafas derrubaram.

Aparecem também diferenças entre as crianças em relação ao modo de anotar os pontos: algumas podem fazer marcas – palitos, por exemplo – e colocar tantas marcas quantas forem os passarinhos que o jogador obteve. Outras podem anotar usando números.

Entre os que registram com números, é possível que alguns anotem de diferentes maneiras. Por exemplo, pode ser que, para marcar três passarinhos, uma criança anote três vezes, assim: 3, 3, 3, e outra anote: 1, 2, 3.

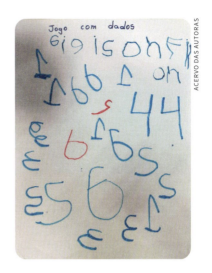

Você pode **organizar** momentos para que as crianças comparem essas diferentes **formas de registro** e reflitam sobre como usá-los para determinar o **vencedor do jogo**.

Para saber quem é o vencedor no jogo, além de anotar, as crianças precisam comparar a pontuação obtida pelos jogadores. Dependendo dos conhecimentos da sua turma você pode propor a variação da quantidade de jogadas de cada partida ou a quantidade de tampinhas de cada jogador.

O número de jogadas, por exemplo, é determinante para a memorização dos pontos. Se forem poucas jogadas, é possível que a criança responsável em dizer quem ganhou consiga memorizar o resultado de cada jogador sem a necessidade de anotar os pontos. Nesse caso, é importante aumentar o número de jogadas para que surja a necessidade da escrita. No entanto, é importante considerar que, ao aumentar o número de jogadas, aumenta-se também a pontuação de cada jogador e, consequentemente, a quantidade que precisarão "somar" ao final do jogo para saber quem é o vencedor. A comparação também ficará mais complexa. Por isso, a ideia é que você adapte o jogo ao seu grupo de crianças, para garantir que todos estejam em condições de comparar um tamanho de coleções ou números e possam jogar.

Página 134

O jogo Batalha convida as crianças a comparar e ordenar números. As cartas para o jogo Batalha estão disponíveis nas páginas 187 e 189 do anexo do Livro do Estudante. Avalie se suas crianças conseguem recortá-las com autonomia ou se precisam de ajuda.

Para que as cartas fiquem mais resistentes, oriente as crianças a colarem as cartas numa folha de cartolina ou papelão. Nesse caso, é interessante pedir que elas façam essa tarefa em casa, com a ajuda dos familiares.

Inicialmente, proponha que joguem em duplas, para compararem apenas duas cartas. Depois de as crianças estarem mais familiarizadas com o jogo, você pode organizá-las em grupos de quatro.

Assim como com outros jogos, você pode propor esse jogo ao longo do ano, diversas vezes, para que as crianças se familiarizem com suas regras e reflitam sobre critérios para comparar números. Durante o jogo, você pode circular pelos grupos, observando os critérios utilizados pelas crianças para comparar os números e, algumas vezes, solicitar que justifiquem suas decisões.

Como há figuras desenhadas em cada carta, as crianças podem determinar qual é a maior apoiando-se na comparação das quantidades.

Para isso você pode confeccionar cartas com os seguintes números: 4, 12, 21, 37, 73, 89, 99, 100, 173, 250, 999, 1000. Saber nomear os números não é uma condição para participar do jogo. Mesmo que as crianças ainda não saibam o nome dos números nem associem uma determinada representação à quantidade, ao comparar escritas numéricas, elaboram critérios para determinar qual é o maior.

> Por que propor atividades centradas na comparação? Quando os números são representados por meio do sistema decimal posicional, a relação de ordem adquire uma especificidade vinculada à organização do sistema. É justamente essa especificidade que se pretende mobilizar nas situações de comparação que são propostas às crianças (LERNER; SADOVSKY, 1996, p. 119).

Página 135

Para explorar as páginas do glossário com sua turma é interessante retomar as orientações apresentadas nos glossários das unidades anteriores, fortalecendo práticas compartilhadas entre as crianças de investigação do significado das palavras.

> Criar o hábito de **consultar glossários** e dicionários fortalece o processo de **ampliação do vocabulário** das crianças da sua turma e favorece um **olhar investigativo** sobre as palavras.

Glossários e dicionários são organizados como conjuntos de verbetes. Cada verbete explica o significado de uma palavra, as situações em que essa palavra é utilizada, dá exemplos de uso e outras informações.

> Nos glossários do Livro do Estudante cada verbete é acompanhado de uma **imagem ilustrativa**, para apoiar a **investigação** e consulta autônoma pela criança.

No glossário desta unidade são apresentados verbetes que se relacionam com as atividades propostas, palavras utilizadas ao longo da unidade cujo sentido é importante discutir com as crianças:

- ➔ LEGENDA
- ➔ CIRCUITO
- ➔ MAPAS
- ➔ CARIMBO
- ➔ REGRAS DE JOGO ◾

UNIDADE 3 · CONCLUSÃO

Segundo a especialista argentina, Ana Malajovich, em entrevista concedida às autoras deste livro, é preciso que reconheçamos a complexidade do tema da avaliação na Educação Infantil. Para a autora, a avaliação precisa olhar para os processos, considerando os conhecimentos e saberes das crianças no momento em que ingressaram na escola. Além disso, a avaliação das aprendizagens das crianças nesta unidade deve se nortear pelos objetivos de aprendizagem e desenvolvimento selecionados da BNCC.

Ao longo da unidade, são apresentadas orientações para avaliação processual e documentação pedagógica.

> O convite aqui é que você observe como essas **estratégias avaliativas** permitem acompanhar os **processos de aprendizagem** dos alunos e aprimorar a **prática educativa**.

O desenvolvimento das crianças na Educação Infantil depende das oportunidades de aprendizagem oferecidas pelo mundo que as cerca. Isto é, não se pode avaliar o que não foi ensinado, a avaliação precisa considerar o processo que foi desenvolvido com o grupo de crianças. Por isso é tão difícil avaliar. A avaliação requer tomar consciência do que as crianças sabem, como tomar notas dos processos de aprendizagem, como foram se desenvolvendo durante um período de tempo e como essa informação serve a mim como professor para modificar também minha proposta educativa. Quando se descobre que as crianças não possuem certos saberes e se observa que não é um problema individual, mas de todo o grupo, é preciso reconsiderar as estratégias de ensino. ◾

UNIDADE 4 · INTRODUÇÃO

Páginas 136 e 137

A unidade contempla um projeto de pesquisa sobre o Sistema Solar a partir da perspectiva do planeta Terra, onde habitamos. Oferecemos dados, imagens e situações-problema que podem levantar boas questões.

Nesse projeto, por exemplo, privilegiamos a observação e o registro das fases da Lua, a partir dos quais, pouco a pouco, possamos compreender os movimentos relativos dos planetas em torno do Sol; e da Lua em torno da Terra, o que ocasionam o dia, a noite e as estações do ano.

A experiência de fazer bolas com as mãos, de brincar e interagir com elas, possibilita que as crianças, por analogia, aproximem-se pouco a pouco da compreensão do fato de que os planetas, como a Terra, têm formato similar a uma esfera e giram no espaço.

Os objetivos de **numeracia**, **literacia** e de **conhecimento sobre o meio físico e social** estão colocados em um contexto amplo de pesquisa – o Sistema Solar –, que entrelaça os cinco Campos de Experiências previstos pela BNCC.

- O eu, o outro e nós;
- Corpo, gestos e movimentos;
- Traços, sons, cores e formas;
- Escuta, fala, pensamento e imaginação;
- Espaços, tempos, quantidades, relações e transformações.

Sem esperar que as crianças pequenas de 4 a 5 anos de idade compreendam totalmente sistemas complexos, sabemos que elas têm concepções originais sobre os fenômenos sentidos e expressados por meio de fala, escrita, desenho e brincadeiras.

Cabe a nós **registrar** diariamente o que a criança nos diz e tentar **compreender** em que ponto da **aprendizagem** ela se encontra.

Pouco a pouco nos aproximaremos assim, do **pensamento científico** que elaboramos ao longo de toda a vida, **processo contínuo** que se inicia na criança que todos fomos.

OBJETIVOS PEDAGÓGICOS

- Comunicar suas ideias e sentimentos a pessoas e grupos diversos (**BNCC: EI03EO04**).
- Manifestar interesse e respeito por diferentes culturas e modos de vida (**BNCC: EI03EO06**).
- Demonstrar controle e adequação do uso de seu corpo em brincadeiras e jogos, escuta e reconto de histórias, atividades artísticas, entre outras possibilidades (**BNCC: EI03CG02**).
- Coordenar suas habilidades manuais no atendimento adequado a seus interesses e necessidades em situações diversas (**BNCC: EI03CG05**).
- Expressar-se livremente por meio de desenho, pintura, colagem, dobradura e escultura, criando produções bidimensionais e tridimensionais (**BNCC: EI03TS02**).
- Escolher e folhear livros, procurando orientar-se por temas e ilustrações e tentando identificar palavras conhecidas (**BNCC: EI03EF03**).
- Produzir suas próprias histórias orais e escritas (escrita espontânea), em situações com função social significativa (**BNCC: EI03EF06**).
- Levantar hipóteses sobre gêneros textuais veiculados em portadores conhecidos, recorrendo a estratégias de observação gráfica e/ou de leitura (**BNCC: EI03EF07**).
- Levantar hipóteses em relação à linguagem escrita, realizando registros de palavras e textos, por meio de escrita espontânea (**BNCC: EI03EF09**).
- Observar e descrever mudanças em diferentes materiais, resultantes de ações sobre eles, em experimentos envolvendo fenômenos naturais e artificiais (**BNCC: EI03ET02**).
- Identificar e selecionar fontes de informações, para responder a questões sobre a natureza, seus fenômenos, sua conservação (**BNCC: EI03ET03**).
- Registrar observações, manipulações e medidas, usando múltiplas linguagens (desenho, registro por números ou escrita espontânea), em diferentes suportes (**BNCC: EI03ET04**).

UNIDADE 4 · PÁGINA A PÁGINA

Páginas 138 e 139

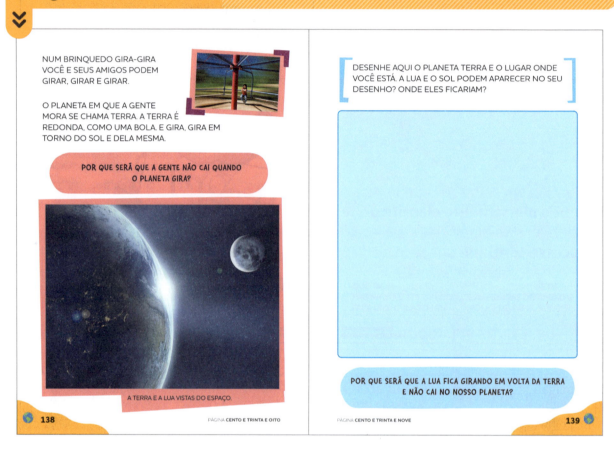

Se houver um gira-gira em sua escola, é hora das crianças brincarem nele. Se não houver, é possível improvisar movimentos, como, por exemplo, uma criança pode ficar parada no centro, enquanto as outras correm em torno dela.

Essas atividades exigem **observação**, como a maioria daquelas que realizamos com as crianças pequenas. As crianças são muito observadoras, e com elas, **aprendemos** que a observação é **fonte de imaginário** e **de conhecimento**.

Uma bola jogada para o alto ou para a frente jamais ficará girando indefinidamente em torno ao jogador. Por quê? Sem pretender responder a pergunta, a presente unidade propõe atividades que se valem do pensamento por meio de analogia feito pelas crianças dessa idade, o que as levam às próprias soluções. Assim, como na ciência, essas soluções são temporárias, mas válidas no corpo de conhecimentos que está sendo construído por seu grupo de trabalho com as crianças de 4 a 5 anos de idade.

Por meio de observação podemos avaliar os efeitos da força da gravidade sobre uma bola, por exemplo, o que pode ser visível no movimento que ela faz.

Podemos, também, sentir a força da gravidade em nosso próprio corpo, assim como no fenômeno das marés, decorrente da força de atração entre a Terra e a Lua. Em uma balança, o peso medido, na verdade, é a força que exercemos sobre ela, sendo dividido pela aceleração da gravidade, que tem o valor aproximado de 9,8 metros por segundo ao quadrado.

Entretanto, as noções intuitivas e as percepções decorrentes da observação da força da gravidade ainda não nos habilitam a responder as perguntas feitas nas páginas 138 e 139.

> Ressalta-se que essas **perguntas** vão acompanhar as crianças **durante muitos anos**, não se espera que sejam respondidas nesse **projeto**.

Isto é, elas devem ser tratadas como situações-problema a demandar pesquisa e exploração de conteúdos, propiciando, assim, a construção de novos conhecimentos pela criança.

> Ao longo desse **projeto**, as crianças poderão explorar a **criatividade** por meio de **desenhos**, como meio de **expressar** como elas pensam.

Quanto a nós, professores, precisamos sempre registrar o que ouvimos, observamos e compreendemos disso, lembrando de continuamente organizar o portfólio de cada uma delas.

Em roda, com as crianças, a orientação é ler os pequenos textos e apreciar as imagens. Se houver um pião dentro de sala, observar o giro dele no centro da roda pode ser um bom exemplo para criar a analogia de seu movimento com o movimento da Terra em torno de seu próprio eixo.

Não é intuitivo saber que estamos todos em um planeta que tem dois movimentos: o primeiro em torno do próprio eixo, observável no fenômeno cotidiano do dia e da noite; e o segundo em torno do Sol, ocasionando o fenômeno das estações do ano – primavera, verão, outono e inverno –, o qual, de acordo com a proximidade do Sol, manifesta-se de formas diversas em cada ponto da Terra.

> Nesse sentido, vale lembrar que a órbita da Terra em torno do Sol é uma **elipse**, e não um círculo.

Existem evidências científicas que demonstram estarmos em um planeta em movimento constante, em torno do Sol e em torno de seu próprio eixo. No pôr do sol, por exemplo, vemos que esse movimento é bastante rápido!

> Referências conhecidas como a **percepção** do tempo que leva para **fazer aniversário** contribuem para que a criança se aproxime tanto das **noções de tempo** quanto dos **números** que atribuímos para as durações de tempo.

Converse com as crianças sobre as medidas de tempo que aprecem nos pequenos textos. Faça perguntas como:

- O que demora mais para a Terra, dar uma volta completa em torno dela mesma ou dar uma volta em torno do sol?
- O que demora mais para a Terra dar uma volta em torno dela mesma ou para a Lua dar uma volta em torno da Terra?

As crianças pequenas compreendem o tempo por marcadores temporais, sendo a rotina o mais importante. Desse modo, ter afixado um quadro da rotina na sala de aula, contribui para compreender os sistemas de representação e para se localizar no andamento de seu cotidiano na escola.

> Recursos como a **rotina** proporcionam **autonomia** e **segurança** para a criança pequena.

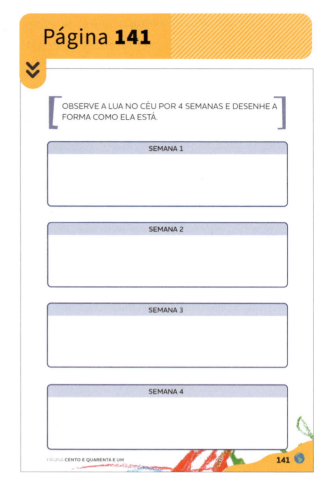

Os planetas são **viajantes** do espaço. A palavra "planeta" vem do grego **planetes**, que significa "que vagueia, que viaja".

Para os astrônomos da Antiguidade, que observavam o céu a olho nu, as estrelas mantinham a mesma distância entre si, enquanto os planetas davam a impressão de se movimentar no espaço.

Antes de Galileu Galilei (1564-1642), os astros que giravam em torno dos planetas eram chamados genericamente de "luas". Quando o astrônomo descobriu, em 1611, as quatro luas principais de Júpiter, o amigo e grande cientista Johannes Kepler (1571-1630) sugeriu que esses astros menores fossem chamados de "satélites" dos maiores, palavra que se origina de *satelles*: em latim, "guarda pessoal, escolta, acompanhante". No século XX, a palavra satélite designa qualquer um dos artefatos não tripulados que colocamos em órbita.

Registro das fases da Lua feito por Galileu Galilei.

Da Terra podemos observar as fases da Lua a olho nu, sem auxílio de telescópio. Oriente as crianças pequenas a observar a Lua à noite durante 4 semanas. Para isso, será preciso o apoio das famílias. Pode ser interessante elaborar junto com as crianças um bilhete para os familiares contando sobre esse projeto. As crianças podem levar os livros para casa para desenhar ou observar a Lua à noite e depois fazer o desenho na escola. Ajude-as a anotar a data da observação consultando, para isso, o calendário.

Lançado ao espaço em 24 de abril de 1990, o telescópio espacial Hubble comemorou 30 anos em 2020. A data foi celebrada com lindas fotografias e vídeos que nos permitem compreender um pouco mais o universo.

O telescópio espacial Hubble.

Páginas 142 e 143

As páginas 142 e 143 apresentam fotografias dos 8 planetas do Sistema Solar. Essas imagens instigam as crianças a observar suas formas e suas diferentes cores.

Leia o nome de cada planeta e convide a turma a apreciar as características que distiguem cada um. Você pode perguntar qual acham mais bonito e reler seus nomes. Em outro momento, converse com as crianças sobre como localizar o nome de cada planeta. Você pode fazer perguntas como:

→ Que pistas encontramos?
→ Que informações podem nos ajudar a saber qual é a Terra?

Há a possibilidade, também, de cantar a conhecida canção "Pastorinhas" (1934), uma marchinha dos compositores brasileiros Noel Rosa e Braguinha. A primeira estrofe diz:

A ESTRELA D'ALVA NO CÉU DESPONTA
E A LUA ANDA TONTA COM TAMANHO ESPLENDOR.

A luz do Sol, viajando a uma velocidade constante e igual a 300 mil quilômetros por segundo, demora três minutos para atingir Mercúrio e oito minutos para chegar à TERRA.

Páginas 144 e 145

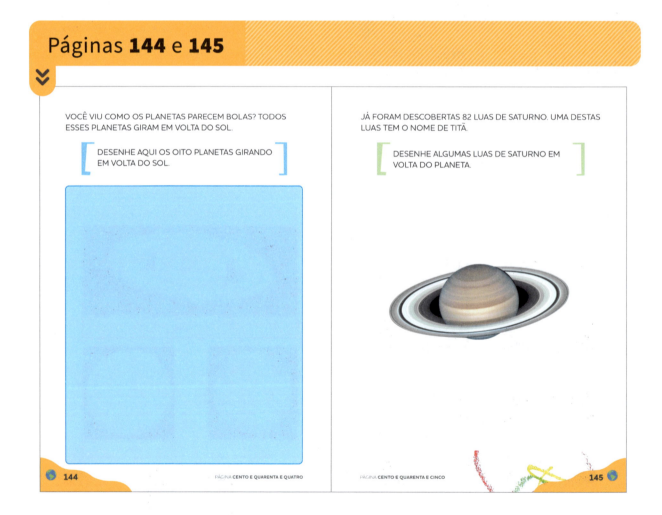

A atividade da página 144 convida as crianças a retomar, por meio do desenho, as informações sobre os planetas compartilhadas na 142 e 143, e imaginar como esses planetas circulam em torno do Sol.

Na página 145, a proposta é iniciar a leitura do texto e observar a imagem de Saturno tentando visualizar onde poderiam estar as 82 luas, para então desenhá-las. Essa informação pode provocar novas perguntas, explorações e pesquisas. Por meio da analogia com os brinquedos mais acessados pelas crianças, como o gira-gira e a bola, é possível provocar o pensamento original das crianças pequenas. Faça o registro das observações de cada uma delas.

Júpiter era o planeta com a maior quantidade de satélites naturais conhecidos no Sistema Solar. Em 2019, foram descobertas vinte novas luas em Saturno, o atual recordista em luas de nosso Sistema Solar. A descoberta foi feita por pesquisadores do Instituto Carnegie, nos Estados Unidos, juntamente com cientistas da Universidade da Califórnia e da Universidade do Havaí, usando o telescópio Subaru, localizado no Havaí.

O planeta Saturno tem 82 luas a seu redor, três a mais do que conhecemos em Júpiter. Todas as vinte novas luas são bem pequenas, medindo cerca de 5 quilômetros de diâmetro, e talvez por isso não foram vistas antes por meio de telescópios menos potentes do que o Subaru, no Havaí.

Páginas 146 e 147

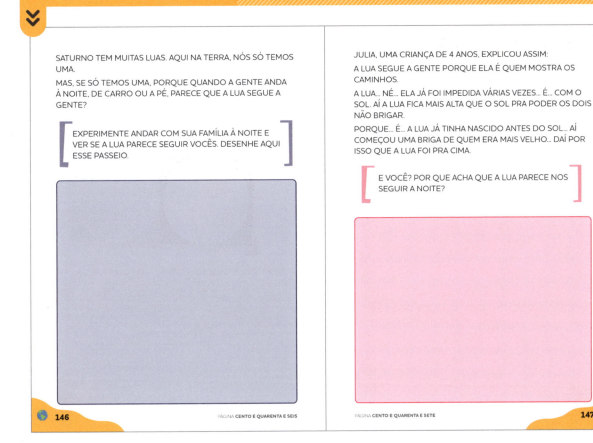

É interessante conversar com as crianças da sua turma sobre quais ideias elas têm a respeito desse tema. Você pode retomar as observações registradas na página 141, conversando sobre o que eles descobriram ao observar a Lua, semana a semana, estabelecendo pontos comuns entre as falas das crianças e registrando as ideias do grupo em um cartaz.

Vale propor, então, que construam coletivamente o texto de um bilhete aos familiares, contando que a turma está pesquisando a Lua e pedindo que cada família acompanhe sua criança em um passeio ou caminhada à noite para observar se a Lua parece mesmo nos seguir. É importante consultar, junto com as crianças, como está a Lua

131

na semana escolhida e a previsão do tempo, para não propor o passeio em semana de Lua Nova ou em tempo muito encoberto.

Na página 147, leia o texto que registra a fala da Julia, uma criança de 4 anos, explicando suas ideias sobre a Lua. Depois de conversar com a turma sobre as ideias de Julia e escutar as explicações produzidas pelas crianças, convide todos a registrar sua resposta à indagação:

→ E você, por que acha que a Lua parece nos seguir à noite?

O propósito aqui é convidar as crianças a **brincar de escrever**, registrando suas ideias da forma como puderem e com os **conhecimentos** e **hipóteses** que construíram até o momento sobre a escrita.

Assim, é possível que algumas crianças imitem o traçado da escrita em letras cursivas, produzam grafismos que imitam letras, escrevam usando algumas letras de seu nome ou usem um repertório mais amplo de letras.

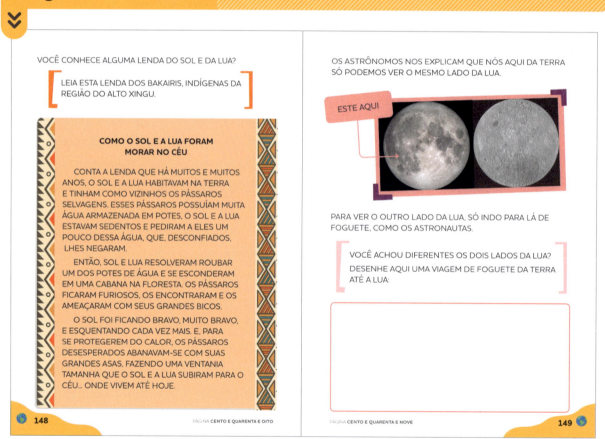

É interessante observar como a fala de Julia se assemelha à forma como algumas culturas, como a dos baikiri, do Xingu, explicam a origem do Sol e da Lua. O convite aqui é ler para sua turma a lenda **Como o Sol e a Lua foram morar no céu**, dos baikiri e, ao final, conversar sobre os acontecimentos dessa narrativa, estabelecendo relações com as explicações de Julia e das crianças da sua turma.

Você pode expandir esse diálogo entre culturas, lendo para as crianças lendas de outros povos que também explicam a origem do Sol e da Lua, como o conto africano: **Por que o Sol e a Lua foram morar no céu?**, disponível no link: <bit.ly/3jrqbx8> (acesso em: 02 out. 2020).

Para prosseguir nessa investigação, leia para as crianças o texto da página 149, que apresenta outra perspectiva acerca da Lua: a dos astrônomos. Observe com as crianças as ilustrações das duas faces lunares e proponha uma troca de ideias sobre a informação de que para conhecer o outro lado da Lua é preciso ir de foguete:

- As crianças se imaginam indo de foguete até a Lua?
- Como seria essa viagem?
- O que veriam lá?

Após uma rodada de conversa, é um bom momento para convidar as crianças a desenhar sua viagem até a Lua, na página 149.

Página **150**

O desenho de Sofia nos mostra sua concepção de distâncias no planeta Terra. Nesse exemplo, a menina colocou a avó, que mora no Japão, do lado oposto onde ela está, na creche. Já a mãe, por estar em casa, foi indicada no desenho próxima de Sofia, embora não esteja exatamente ao seu lado.

Inicialmente, assim como em todos os textos presentes no Livro do Estudante, deve-se ler em voz alta o conteúdo da página 150 para as crianças, se possível em roda, cada uma delas com seu livro em mãos. Repetições de palavras como DORODANGO podem ajudá-las a localizar o nome dessa bola no texto.

Após a leitura, faça comentários sobre o que foi abordado e inicie uma conversa a respeito do tema, para deixar fluir e comunicar as primeiras impressões das crianças sobre a elaboração de bolas de argila.

Nas escolas primárias, jardins de infância e pré-escolas em todo o Japão, as crianças estão fazendo hikaru dorodango, ou bolas de lama que brilham. Por trás desse boom está o professor Fumio Kayo, da Universidade de Educação de Kyoto. Psicólogo e pesquisador de brincadeiras infantis, Kayo encontrou esses dorodangos cintilantes pela primeira vez em uma escola de Educação Infantil em Kyoto, no Japão. Ele ficou impressionado e desenvolveu um método de fazer dorodango que poderia ser seguido também por crianças. Depois que o professor japonês ensina as crianças a fazer essas bolas de lama, elas ficam envolvidas na formação de uma esfera e colocam toda a sua energia no polimento da bola até que ela brilhe. O dorodango logo se torna um grande tesouro para a criança. O professor também vê nesse fenômeno a essência das brincadeiras infantis e já escreveu trabalhos acadêmicos sobre o assunto. As bolas de lama também podem oferecer novas percepções sobre como as brincadeiras ajudam no crescimento das crianças.

Vale lembrar que o pensamento das crianças de 4 a 5 anos de idade é sincrético e analógico. É sincrético porque, para a criança dessa idade, tudo está intimamente interligado e acontece ao mesmo tempo, como expresso na canção "Uma coisa de cada vez", dos Titãs, que diz: "Uma coisa de cada vez / tudo ao mesmo tempo agora".

133

É também analógico porque, para a criança pequena, uma proposição do tipo "isto é como aquilo" faz sentido, sendo algo compreensível para ela. Basta observar nas argumentações que elas criam, em que se revelam analogias, muitas vezes, inusitadas. Por esse motivo, as comparações realizadas pelas crianças a partir de 4 anos de idade podem alcançar um alto teor de poesia, sendo necessário que nós, educadores e familiares, possamos ouvir e escutar com atenção a criança pequena, para compreendermos o alcance de seu pensamento original. Aqui, também, faz-se fundamental o registro do que é aprendido com ela, observando a evolução de seu repertório na elaboração de ideias. ■

Esse "Modo de fazer DORODANGO" é um passo a passo que deve ser compartilhado com as crianças por intermédio de sua leitura, professor ou professora.

E certamente terá de ser adaptado de acordo com a própria experiência de fazer DORODANGO, que pode ser retomada ao longo do ano. Bolas maiores ou menores, mais ou menos duras, mais ou menos brilhantes, irão depender do tipo de argila disponível, do volume de água utilizado e da quantidade de terra que a palma das mãos percebem. Nesse sentido, as mãos são a porta para a nossa sensibilidade.

> A palma da mão é uma prodigiosa floresta muscular. A menor esperança de ação a faz estremecer. [...] sentimentos, interesses, conhecimentos, devaneios, toda uma vida riquíssima vem ocupar o mais pobre dos minutos tão logo aceitamos as imagens materiais, as imagens dinâmicas. Um verdadeiro impressionismo da matéria expressa o nosso primeiro contato com o mundo resistente. Nele encontramos a juventude dos nossos atos (BACHELARD, 1991, p. 68, 223).

Fazer bola de argila requer a presença de quem a produz. Essa nossa presença na ação acontece por meio de autorregulação e disciplina, muito próprias da criança dessa idade. É possível que observemos as crianças imersas na própria ação de girar e girar a argila entre as palmas das mãos. Esse é o indício de que elas estão imersas em uma experiência estética – um sinal de que criação e aprendizagem estão ocorrendo.

Para as crianças pequenas, desenhar bolas continua sendo um desafio. Lembremos que elas ainda podem desenhar garatujas, que se desenvolvem para figuras fechadas e, pouco a pouco, articulam-se como figuras nomeáveis e reconhecíveis para as crianças. Nessa parte de nosso trabalho, espera-se que a criança desenhe sua bola em três momentos.

DORODANGO, na língua japonesa, quer dizer "bola de argila". ■

Páginas **152** e **153**

As atividades das páginas 152 e 153 convidam as crianças a brincar com diferentes tipos de bolas e explorar seus movimentos e propriedades em diferentes tipos de chão.

Vamos pedir para a criança **observar a trajetória** que cada uma dessas bolas faz ao serem arremessadas. É importante desenhar esta **linha imaginária** em cada uma das **texturas** disponíveis nestas páginas.

As imagens dessas páginas *representam* texturas, dado que a superfície da folha de papel em que estão impressas é a mesma.

De qualquer modo, cada uma dessas texturas pode sugerir traçados diferentes da linha imaginária percorrida pela bola. Isso pode ser incentivado pela observação de uma mesma bola rolando em superfícies diversas, como grama, terra ou o cimento do pátio.

O material de desenho a ser utilizado também pode – e deve – variar para cada uma das texturas, como lápis preto, lápis de cor, giz de cera ou caneta hidrográfica colorida.

Nessa etapa, a página 153 apresenta um texto para ler, conversar e observar.

Vamos nos lembrar de que a **observação é fonte de imaginário e conhecimento.**

Para a criança pequena, assim como para todos nós, localizar-se na vida e no universo é algo realizado todos os dias. As relações de inclusão do mais próximo ao mais distante, e vice-versa, exigem reversibilidade do pensamento, uma das conquistas em curso aos 4 anos de idade.

→ Via Láctea – Sistema Solar – Estrelas – Sol – Terra
→ Terra – Sol – Estrelas – Sistema Solar – Via Láctea

135

Página 154

Página 155

Pode ser inspirador para a criança partir de uma pintura realizada por outra.

Na imagem da pintura apresentada nessa página, a proposta foi que as crianças criassem outras cores a partir das três cores primárias, que são o azul ciano, o magenta e o amarelo.

O material individual utilizado foi: uma cartolina de boa gramatura, um pincel grande de cabo longo, um pote grande com água e potinhos de tinta guache de cada uma das três cores primárias.

Leis das cores, como a geração de cores secundárias e terciárias a partir das cores primárias e a complementaridade entre elas, podem ser **investigadas** com as crianças em círculos de cores.

Na atividade desta página, a criança poderá imaginar, com seus próprios traçados ou garatujas, o movimento das bolas umas em torno das outras.

As definições dos verbetes deste glossário são inter-relacionados. Dessa forma, quando definimos estrela, podemos compreender melhor que o Sol tem luz própria porque é uma estrela, e que a Lua não tem luz própria porque é um satélite. O planeta Terra que habitamos gira em torno do Sol, que é o centro do Sistema Solar. Satélites giram em torno dos planetas, e estes corpos celestes giram em torno do Sol. No Sistema Solar, os corpos celestes estão em movimento uns em torno aos outros, de tal forma que vivemos em um sistema dinâmico.

O fenômeno do dia e da noite indica que estamos em movimento ao redor do Sol. Mas nossa percepção poderia indicar que seria o Sol a se mover em torno da Terra. Entretanto, com instrumentos como o telescópio, que ele mesmo desenvolveu, o físico italiano Galileu Galilei (1564-1642) observou o movimento de planetas e de suas luas, demonstrando, também a partir de cálculos matemáticos de outros cientistas da época em que viveu, que a Terra gira em torno do Sol.

Uma vez tendo realizado a leitura dos textos e das atividades da Unidade 4 – Sistema Solar, a leitura dos verbetes deste Glossário poderá provocar boas conversas em roda e a necessidade de continuar a pesquisa sobre o nosso Sistema Solar, a via láctea e outros sistemas no Universo.

As estações do ano devem-se ao movimento e à inclinação do eixo da Terra em sua órbita, em forma de elipse, em torno do Sol, enquanto dia e noite correspondem a 24 horas, tempo que a Terra leva para dar uma volta completa em torno de seu próprio eixo. ■

UNIDADE 4 · **CONCLUSÃO**

Em um projeto amplo, como essa aproximação com o Sistema Solar, realizada na unidade trabalhada, estão previstas várias etapas de registro e apreciação das conquistas ao longo do ano.

A produção das crianças, como desenhos, pinturas, colagens e escritas, a partir da própria compreensão delas sobre os sistemas alfabético e numérico, poderá ser reunida em uma pasta ou portfólio. A cada semana, é interessante compartilhar a produção de cada uma delas com a turma. A pasta, ou o portfólio, devem ter capa com o nome de cada criança, escrito em letra maiúscula, a fim de localizar quem realizou cada trabalho.

Professor ou professora,
tenha sempre à mão um **caderno**
para registrar as **falas originais**
das crianças.

Elas dizem muito sobre o modo como compreendem a realidade. Afinal, passado o momento, é possível que não lembremos com exatidão as palavras com as quais as crianças se expressam, que são significativas para o nosso trabalho.

Um projeto assim tão amplo pode percorrer durante todo o ano letivo. Registros e portfólios são os nossos instrumentos para a avaliação formativa e o planejamento, semanal ou mensal, de acordo com o espaço e o tempo destinados à formação de professores na escola onde você trabalha.

As produções das crianças ao longo do ano letivo podem ser compartilhadas em painéis, exposições e em encontros com outras crianças de sua escola.

Brincar e **interagir** em um contexto de exploração e pesquisa possibilita um **convívio** intenso com colegas, pais e professores. O envolvimento de cada um pode ser **apreciado** pelo entusiasmo entre os participantes dessa **aventura**. ■

ANEXOS

Páginas 156

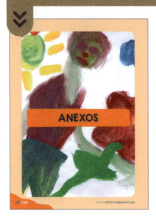

Os Anexos deste Livro do Estudante servem aos objetivos pedagógicos de cada uma das unidades nas quais suas atividades estão inseridas, além de darem suporte à avaliação formativa e ao monitoramento de aprendizagem, contribuindo para a observação e o registro da trajetória de cada criança. Ao longo do conteúdo específico de cada unidade, foram fornecidas orientações sobre o uso do anexo e, abaixo, está a reprodução comentada de cada uma de suas páginas. ∎

As figurinhas encontradas nas páginas 157 a 172 deste ANEXO serão recortadas e coladas no Álbum de figurinhas que começa na página 70, com o quadro geral das 32 figurinhas. Nas páginas 71 a 79, o lugar para colar as figurinhas está numerado de 1 a 32, de acordo com os temas ANIMAIS, FLORES, MORADIAS, MEIOS DE TRANSPORTE e CLIMA. As crianças pequenas de 4 anos a 4 anos e 11 meses certamente necessitam do auxílio de um adulto para recortar. Entretanto, havendo tesouras de pontas arredondadas disponíveis para as crianças, pouco a pouco, cortando com a tesoura outros papéis, elas autorregulam e disciplinam a ação de cortar, ganhando autonomia. ∎

Páginas 157, 158, 159 e 160

Páginas 161, 162, 163 e 164

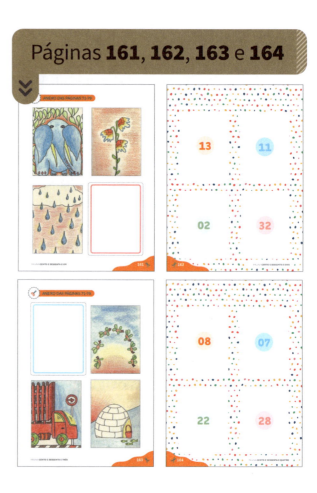

No álbum de figurinhas, a numeração de páginas, a sequência de temas e a numeração de cada figurinha seguem a ordem crescente. Aqui nos ANEXOS, elas estão embaralhadas. Este é o desafio proposto para as crianças pequenas:

encontrar no álbum o lugar onde cada uma delas será colada, fazendo corresponder o número que está no verso da figurinha com o número nas páginas do álbum que está sendo formado. As páginas deste livro estão numeradas e conjugadas aos ícones de cada uma das quatro unidades, de forma a facilitar para a criança a localização da página do livro, que também traz o número escrito por extenso. ∎

Páginas 165, 166, 167 e 168

As figurinhas aqui impressas para recorte foram desenhadas com caneta de nanquim, para os contornos, e lápis de cor, sobre papel liso e de gramatura alta. Há algumas figurinhas em branco, para a criança pequena desenhar. O mais indicado é desenhar antes nos ANEXOS e só depois recortar as figurinhas da página. O melhor material para isso serão lápis de cor de ponta macia – aqueles que produzem traço e não rasgam o papel. A criança pequena exerce demasiada força sobre o papel quando quer ver,

em lápis, resultado que não corresponde ao seu procedimento para expressão. ∎

Páginas 169, 170, 171 e 172

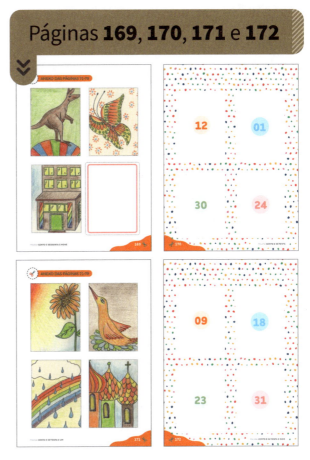

Caso alguma figurinha seja cortada de forma a deixar a criança pequena insatisfeita (a tesoura tendo cortado parte da figura, por exemplo), ela pode ficar frustrada e até chorar. Essa é uma preocupação nossa, como autoras, uma vez que o que é desenhado, escrito, recortado e colado neste Livro do Estudante passa a ser permanente. Nesse caso das figurinhas, e certamente no caso dos outros objetos a serem recortados, bastará disponibilizar papel e lápis de cor para que as crianças façam as próprias figurinhas, algo que já faz parte da proposta de realização do álbum. ∎

Páginas **173**, **174**, **175** e **176**

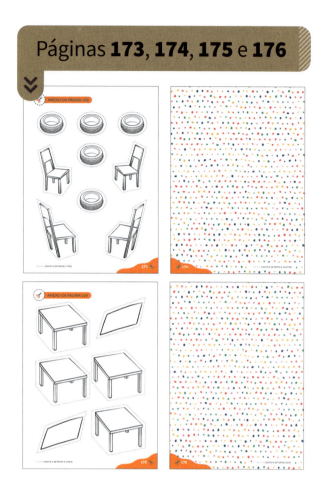

Para montar um circuito na página cento e nove (109), objetos com partes estreitas – como as pernas das mesas – tornam o recorte mais difícil. Nesse caso, a ajuda providencial da professora, ou do professor, será certamente necessária. O mesmo acontece com as cadeiras. Porém, havendo "acidentes" no recorte, cadeiras, mesas, pneus, almofadas e outros objetos – tudo pode ser recriado em outros papéis.

Será importante orientar a criança pequena para montar o circuito deslizando as figuras recortadas sobre a página 109, antes de passar a cola e colar. Colar é também ação desafiante para a criança dessa idade, que necessitará, para isso, do auxílio de um adulto. ∎

Páginas **177**, **178**

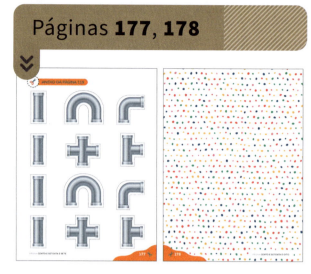

Estes tubos, ou canos, oferecem menos desafios para serem recortados do que as mesas e cadeiras, por serem um pouco maiores as superfícies recortáveis. Mesmo assim, o auxílio de um adulto segue sendo necessário. Para colar as figuras na página 119, a criança pequena deverá deslizar as peças recortadas sobre a página indicada, experimentar várias construções, antes de passar a cola e colar. ∎

Páginas **179**, **180**, **181** e **182**

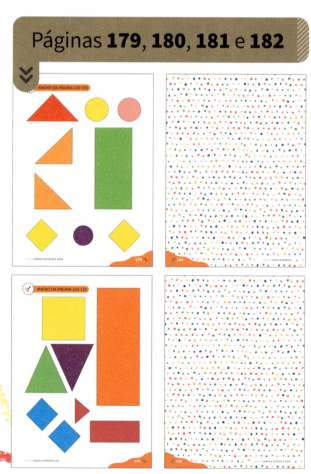

140

Estes são recortes que exigem precisão, caso contrário, as figuras geométricas a serem compostas nas páginas 120 e 121 não vão se encaixar e corresponder ao modelo. Na hora de colar, o indicado é colocar as figuras geométricas na página correspondente, uma a uma, de modo a compor figura de cada um dos modelos, antes de passar a cola e colar, sempre com o auxílio de um adulto. ∎

Páginas **183**, **184**, **185** e **186**

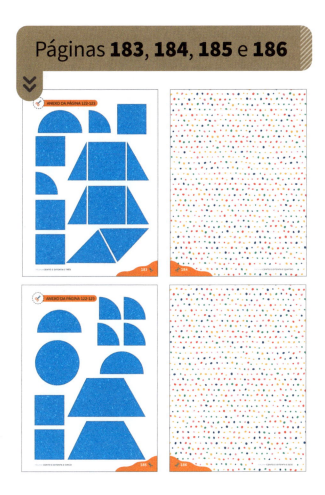

As figuras recortadas vão corresponder aos contornos que estão nas páginas 122 e 123 🏀. Neste caso, não se trata de uma construção, mas de um reconhecimento de modelo. Experimentar o encaixe das figuras recortadas em seus contornos é sempre uma conduta prévia ao momento de colar. ∎

Páginas **187**, **188**, **189** e **190**

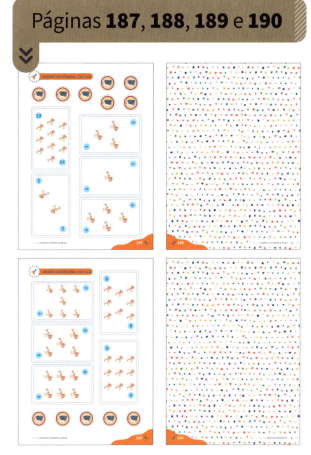

Os lindos passarinhos a serem recortados e colados nas tampinhas de garrafa são bem pequenos – desafio grande para uma criança pequena recortá-los. Elas precisarão, sem dúvida, de seu auxílio. Recortar as cartas numeradas de 1 a 10 para o jogo de batalha pode não ser tão desafiante, por serem maiores e com ângulos retos. Ainda assim, ajude sempre as crianças a ir ganhando paulatinas independência e autonomia, para usar a tesoura com cada vez mais precisão. ∎

Páginas 191, 192

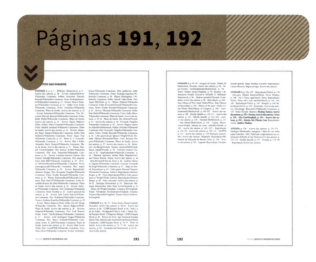

Créditos das imagens

Os créditos das imagens da área de miniatura podem ser consultados nas páginas 191 e 192 do Livro do Estudante. Os créditos das imagens específicas deste volume do Livro do Professor, utilizadas fora da área de miniatura, foram posicionados ao lado de cada imagem no decorrer das unidades.

BIBLIOGRAFIA CONSULTADA

BACHELARD, G. *A terra e os devaneios da vontade*. São Paulo: Martins Fontes, 1991.
Este ensaio sobre nosso contato com matérias terrestres, como a lama e a lava, combina percepção de imagens e *bem sonhar como fundamentos de uma imaginação criadora*.

BENEDITO, M. *Paca, tatu, cutia!*: glossário ilustrado de Tupi. Ilustração de Ohi. São Paulo: Melhoramentos, 2014.
Na origem da língua portuguesa falada no Brasil, o Tupi. Conheça o significado de palavras tais como jaguatirica, toró e Ipanema, verbetes ilustrados e cheios de graça.

COMO montar uma mini-horta com as crianças. [S.l.: s.n.], 2015. 1 vídeo (9 min.). Publicado pelo canal Vida no jardim. Disponível em: <bit.ly/2GgMVRV>. Acesso em: 29 set. 2020.
Tiago e sua mãe Lucia fazem uma horta no jardim de sua casa. Com dicas práticas, o vídeo mostra como semear salsinha ou fazer rebrotar uma cenoura em garrafa PET.

BRASIL. Empresa Brasileira de Pesquisa Agropecuária (Emprapa). Contando ciência na web: Cerrado. Brasília: Embrapa, [s.d.]. Disponível em: <bit.ly/3noc9P3>. Acesso em: 06 out. 2020.
São disponibilizados às crianças dados, referências e dinâmicas agrícolas e climáticas de cada um dos biomas brasileiros, que abrigam imensa diversidade humana e animal.

BRASIL. Ministério da Educação e do Desporto. Secretaria de Educação Fundamental. *RCNEI – Referencial Curricular Nacional para a Educação Infantil*. Brasília: MEC/SEALF, 1988. v. 3. Disponível em: <bit.ly/3jkeg4l>. Acesso em: 23 set. 2020.
Com desenhos de crianças e fotografias feitas especialmente para o documento, este aponta caminhos inovadores e segue sendo importante referência, inclusive para a BNCC.

BRASIL. Ministério da Educação. Secretaria de Alfabetização. *PNA – Política Nacional de Alfabetização*. Brasília: MEC/SEALF, 2019. Disponível em: <bit.ly/3mUKSnj>. Acesso em: 23 set. 2020.
Em outros países supõe-se que políticas públicas de alfabetização com base em evidências científicas, que são adaptadas no Brasil, melhoraram os indicadores não só de leitura e escrita, mas também de matemática.

BRASIL. Ministério do Meio Ambiente. Brasília, DF. Disponível em: <bit.ly/3n1sr0h>. Acesso em: 29 set. 2020.
Na ONU, o Ministério do Meio Ambiente do Brasil compromete-se a acabar com o desmatamento ilegal da Amazônia até 2028, o que exige participação da população para atingir a meta.

BRASIL. Ministério da Educação e do Desporto, Secretaria de Educação Fundamental. *Referencial curricular nacional para a educação infantil*. Brasília: MEC/SEF, 1998. Disponível em: <bit.ly/3mVikdu>. Acesso em: 12 set. 2020.
A sociedade mais consciente da importância das experiências na primeira infância motiva demandas por uma educação institucional para crianças de zero a seis anos.

BREIM, R. *Registro de aula proferida no Espaço Musical*. São Paulo: Espaço Musical, 2020.
Dedicando-se à educação musical de crianças e adultos, o músico e compositor Ricardo Breim pesquisa as formas originais do cancioneiro brasileiro dedicado às crianças.

BRITO, T. A. *Música na Educação Infantil*: Propostas para a formação integral da criança. São Paulo: Peirópolis, 2003.
A partir de sua larga experiência, Teca Alencar de Brito propõe um fazer musical que integra música e ser, em que a criança interage e brinca com suas formas e estruturas.

CASTEDO, M.; MOLINARI, C; SIRO, A. Dónde dice, qué dice, cómo dice? una situación didáctica para poder leer antes de saber leer (sin quedar condenado a descifrar). In: *Enseñar y aprender a leer*. Buenos Aires: Novedades Educativas, 1999.
Com importantes contribuições nas situações de leitura e escrita para crianças pequenas, as autoras mostram como crianças antecipam significados a partir de indícios gráficos.

CAVANDO para cenouras [s.l.: S.N.], 2018. 1 vídeo (c. 3 min.). Publicado pelo canal Daniel Tigre em Português. Disponível em: <bit.ly/2EJobBl>. Acesso em: 29 set. 2020.
Cenouras e outros tubérculos, como beterrabas e batatas, crescem para dentro da terra. Puxando-a pela folhagem, você gostaria de provar o crocante de uma cenoura crua?

CHAMBERS, A. *Conversaciones*. México: Fondo de Cultura Económica, 2008.
Aidan Chambers nos mostra como a conversa literária — falar sobre o que pensamos e sentimos enquanto lemos — está no coração de todo o ensino da literatura para crianças.

CONHEÇA as 18 árvores nativas brasileiras mais importantes (e incríveis!). *Viva decora*, São Paulo, 5 ago. 2019. Disponível em: <bit.ly/3cFDwPP>. Acesso em: 29 set. 2020.
Uma árvore nativa é natural de um determinado ecossistema, região ou país. Quando nascem apenas em um determinado bioma ou ecossistema são chamadas de endêmicas.

CURTO, L. M.; MORILLO, M. M.; TEIXIDÓ, M. M. *Escrever e ler*: como as crianças aprendem e como os professores podem ensiná-las a ler e escrever. v. 1. Porto Alegre: Artmed, 2000.
O objetivo destes livros é divulgar os processos fundamentais da construção da leitura e da escrita, mostrando as bases de uma proposta construtivista de ensino.

ESPECIAL Dia das Crianças: Plantar em potinhos de Danone. [S.l.: s.n.], 2017. 1 vídeo (2 min.). Publicado pelo canal Hortinha em casa. Disponível em: <bit.ly/3l08pSa>. Acesso em: 29 set. 2020.
Colocando substrato terroso e sementes, regando de leve todos os dias, as crianças observam o crescimento de plantas em embalagens que, deste modo, ganham utilidade.

ESTÉS, C. *Contos dos Irmãos Grimm*. São Paulo: Rocco, 2005.
Numa época sem rádio, televisão ou computador, os contos de fadas eram ouvidos em família, à noite. Compilados pelos irmãos Grimm e ilustrados por Arthur Rackham.

IBF. Árvores brasileiras. *Instituto Brasileiro de Florestas*, São Paulo, [s.d.]. Disponível em: <bit.ly/36hKbhS>. Acesso em: 29 set. 2020.
Os diferentes climas, relevos e solos no Brasil fazem do território brasileiro a base da mais rica flora do mundo, com mais de 56.000 espécies nativas de plantas.

KAMII, C. *A criança e o número*: implicações educacionais da teoria de Piaget para a atuação junto a escolares de 4 a 6 anos. Campinas: Papirus, 1982.
A conservação do número não é inata, nem pode ser ensinada. A criança aprende a quantificar quando coloca números em uma ordem, uns incluídos nos anteriores.

KAMII, C.; DEVRIES, R. *Jogos em grupo na educação infantil*: implicações da teoria de Piaget. Porto Alegre: Artmed, 2009.
Como os jogos em grupo, mais do que exercícios, ajudam as crianças a desenvolverem de forma mais eficiente e prazerosa sua capacidade cognitiva e interpessoal.

LALAU. *Árvores do Brasil*: Cada poema no seu galho. Ilustração Laurabeatriz. São Paulo: Peirópolis, 2011.
As quinze principais maravilhas da flora brasileira, sendo três espécies de árvores de cada bioma. Espécies como pau-brasil, buriti e umbuzeiro são temas dos poemas ilustrados.

LEONTIEV, A. N. Os princípios da brincadeira pré-escolar. In: VIGOTSKI, L. S.; LURIA, A. R.; LEONTIEV, A. N. *Linguagem, desenvolvimento e aprendizagem*. São Paulo: Ícone, 1994.
A atividade principal da criança é a brincadeira, caracterizada por uma estrutura cuja motivação está no próprio processo de transição da criança para estágios mais avançados de seu desenvolvimento.

LERNER, D. *Ler escrever na escola*: o real, o possível e o necessário. Porto Alegre: Artmed, 2002.
O real, o possível — as condições em que se trabalha na escola — e o necessário — transformar o ensino para favorecer a formação de todos os alunos como leitores e escritores plenos.

LERNER, D.; SADOVSKY, P. O Sistema de Numeração: um problema didático. In: PARRA, C.; SAIZ, I. (Orgs.). *Didática da Matemática*: aportes e reflexões. Porto Alegre: Artes Médicas, 1996. p. 73-155.
Trabalhar com a numeração escrita e só com ela; abordá-la em sua complexidade, do uso à reflexão e da reflexão à busca de regularidade: esses são os percursos didáticos.

MACEDO, L. Os Jogos e sua Importância na Escola. *Cadernos de Pesquisa*, São Paulo, n. 93, p. 5-10, 1995.
O que é jogo, com quem e para que se joga? A importância de formas do jogo, como exercício, símbolo e regra, para a construção de conhecimento na escola.

MACFARLANE, R. Off the grid: Treasured Islands. In: LEWIS-JONES, H. (Ed.). *The Writer's Map*: an Atlas of Imaginary Lands. London: Thames & Hudson, 2018. p. 95.
Escritores e ilustradores internacionalmente aclamados compartilham as visões de mapas que usam, mapas que os autores amam e mapas que os fazem sonhar.

MACHADO, A. (Org.). *O tesouro das cantigas para crianças*. Ilustração de Cláudio Martins. Rio de Janeiro: Nova Fronteira, 2014.
A escritora Ana Maria Machado reuniu cantigas, parlendas e trovas muito conhecidas das crianças, que podem também ser ouvidas em CD que acompanha o livro ilustrado.

MEEK, M. *En torno a la cultura escrita*. México: FCE, 2004.
Sentir-se em casa em uma sociedade com cultura escrita é tanto um sentimento como um fato. Mas como adultos e crianças diversos compreendem a leitura e a escrita?

MEIRELLES, R. Giramundo e Outros Brinquedos e Brincadeiras dos Meninos do Brasil. São Paulo: Terceiro Nome, 2007.
Renata Meirelles descreve e mostra com desenhos e fotografias a maneira de brincar com brinquedos e brincadeiras artesanais ao ar livre em vários cantos do Brasil.

MOLINARI, C. La interpretación de textos en el jardín de infantes: intentos no logrados en el camino de la transformación de la práctica docente. In: CONGRESSO LATINO-AMERICANO

DE LECTO-ESCRITA, 3., 1991, Buenos Aires. *Alfabetización inicial*: transformación del rol docente. Buenos Aires: International Reading Association, 1991.
Nas décadas de 1980 e 1990, pesquisas levaram a importantes avanços na compreensão de leitura e escrita das crianças, com consequentes didáticas adotadas em políticas públicas.

MOLINARI, C.; CASTEDO, M. (Coord.). *La lectura en la alfabetización inicial*: situaciones didácticas en el jardín y en la escuela. La Plata: Cultura y Educación de la Provincia de Buenos Aires, 2008.
Assumindo propostas curriculares de educação infantil que consideram o ponto de vista da criança sobre leitura e escrita, as autoras produziram referências para o continente.

MONTEIRO, P. Jogos de Percurso – Contribuições para o ensino da matemática na educação infantil. *Avisa Lá*, São Paulo, n. 7, 10 jul. 2001. Disponível em: <bit.ly/3i5RJqp>. Acesso em: 16 set. 2020.
Práticas de formadores e professores publicadas na revista *Avisa Lá* são referência na educação infantil. Percursos são utilizados para o trabalho didático com a sequência numérica.

MORAES, V. de. *A arca de noé*. Ilustração de Nelson Cruz. Rio de Janeiro: Companhia das Letrinhas, 2004.
Poeta, cancionista e diplomata, Vinicius de Moraes escreveu poemas que foram musicados, como este que dá título ao disco para crianças e ao livro ilustrado.

MORAIS, A. *Consciência fonológica na educação infantil e no ciclo de alfabetização*. Belo Horizonte: Autêntica, 2019.
Em situações lúdicas de ensino, os aprendizes são motivados a "olhar para o interior das palavras" e, assim, descobrir o mistério que está por trás de escrever com o alfabeto.

NATIONAL Mathematics Panel. *Foundations for Success*: The Final Report of the National Mathematics Advisory Panel. Washington, DC: Department of Education, 2008.
Recomendações para currículos, processos de aprendizagem e práticas educativas foram debatidas e compiladas para orientar políticas públicas no ensino das matemáticas.

O PÉ de feijão. [S.l.: s.n.], 2015. 1 vídeo (7 min.). Publicado pelo canal O diário de Mika, realizada pelo SuperToons Estúdio de Animação. Disponível em: <bit.ly/3j9jPSS>. Acesso em: 29 set. 2020.
A conhecida experiência e história do pé de feijão são revisitadas em desenho animado com canções, buscando levar a criança a estabelecer novas concepções sobre plantas.

O TOMATE e o Caqui. [S.l.: s.n.], 2013. 1 vídeo (c. 4 min.). Publicado pelo canal Grupo Triii. Disponível em: <bit.ly/3jdQR4v>. Acesso em: 29 set. 2020.
Fazendo canção como um brinco em ritmo cada vez mais veloz, os integrantes do grupo Triii dirigem-se diretamente às crianças, levando-as a participar da ação, com surpresa!

QUANTAS intenções cabem em um projeto: uma mesma ideia pode gerar projetos didáticos com diferentes focos e aprendizagens. Confira como e por quê. *Avisa Lá*, São Paulo, n. 13, 10 jan. 2003. Disponível em: <bit.ly/337E2mG>. Acesso em: 12 set. 2020

O filósofo e educador John Dewey, em 1896, foi o primeiro a colocar à prova os projetos na escola experimental de Chicago. Aqui projetos são dados à reflexão.

RINALDI, C. *Diálogos com Reggio Emilia*: escutar, investigar e aprender. São Paulo: Paz e Terra, 2017.
A proposta, idealizada por Loris Malaguzzi, baseia-se na pedagogia da escuta, em que a criança é colocada como protagonista de seu próprio processo de conhecimento.

SALLA, F. O que dizem nossas casas. *Nova Escola*, São Paulo, 1 nov. 2012. Disponível em: <bit.ly/3327QRw>. Acesso em: 12 set. 2020.
Observar as particularidades dos diversos tipos de habitação é essencial para que as crianças se familiarizem com um conceito importante da geografia, o de lugar.

SCARPA, R. L. P. *O conhecimento de pré-escolares sobre a escrita*: impactos de propostas didáticas diferentes em regiões vulneráveis. 2014. Tese (Doutorado em Educação) – Faculdade de Educação, Universidade de São Paulo, São Paulo, 2014. Disponível em: <bit.ly/3cIE5Z2>. Acesso em: 29 ago. 2020.
A pesquisa fornece elementos para compreender e caracterizar propostas didáticas de leitura e escrita na Educação Infantil e para contribuir com novas perspectivas na área.

TATIT, L. *O cancionista*: composição de canções no Brasil. São Paulo: Edusp, 1996.
A partir da análise de letra e melodia em diagrama que dispensa partitura tradicional, sentimos o mundo pelas composições de grandes expoentes da canção brasileira.

TATIT, A.; LOUREIRO, M. *Festas e danças brasileiras*. São Paulo: Melhoramentos, 2016.
A alegria de nossas festas populares abre ouvidos e coração para uma riqueza musical tão exuberante e variada quanto a beleza e diversidade de nossas riquezas naturais.

TONELLO, D. *Portfólios na Educação Infantil*: um projeto de intervenção fundamentado na ação formativa. 2015. Dissertação (Mestrado em Educação) – Pontifícia Universidade Católica de São Paulo, São Paulo, 2015. Disponível em: <bit.ly/3339WAu>. Acesso em: 15 set. 2020.
O portfólio como estratégia de avaliação dos processos de aprendizagem para promover e modificar as práticas avaliativas no cotidiano da Educação Infantil.

WINNICOTT, D. W. *O brincar e a realidade*. São Paulo: Ubu, 2019.
Brincar é um modo de interagir com a realidade que, ao mesmo tempo, leva a compreensão de si próprio e do mundo, constituindo a essência da criatividade.

WOLMAN, S. La enseñanza de los números en el nivel inicial y en el primer año de la EGB. In: KAUFMAN, A. M. (Org.). *Letras y números*: alternativas didácticas para jardín de infantes y primer ciclo de la EGB. Buenos Aires: Santillana, 2000.
A resolução de problemas é o ponto de partida para uma noção matemática que se constrói e desenvolve a partir da pesquisa, da elaboração de hipóteses e da partilha.